U0854076

宏观经济通识课

韩秀云 著

中信出版集团 | 北京

图书在版编目（CIP）数据

宏观经济通识课 / 韩秀云著 . -- 北京 : 中信出版社 , 2019.10 (2023. 5重印)
ISBN 978-7-5217-0988-9

Ⅰ. ①宏… Ⅱ. ①韩… Ⅲ. ①宏观经济学—通俗读物
Ⅳ. ①F015-49

中国版本图书馆 CIP 数据核字（2019）第 180916 号

宏观经济通识课

著　　者：韩秀云
出版发行：中信出版集团股份有限公司
（北京市朝阳区东三环北路 27 号嘉铭中心　邮编　100020）
承 印 者：北京盛通印刷股份有限公司

开　　本：880mm × 1230mm　1/32　　印　　张：7.75　　字　　数：160 千字
版　　次：2019 年 10 月第 1 版　　印　　次：2023 年 5月第 13 次印刷
书　　号：ISBN 978-7-5217-0988-9
定　　价：58.00 元

版权所有 · 侵权必究
如有印刷、装订问题，本公司负责调换。
服务热线：400-600-8099
投稿邮箱：author@citicpub.com

目 录

金融危机

序　言

亲爱的读者朋友，你还记得上次走进教室听课是什么时候吗?

书本油墨的清香，校园雨后清新的空气，坐在你身边的同桌……这些记忆，是恍若隔世，是清晰如昨，还是你自己都已经忘记了。

然而，我希望此刻，当你打开这本书的时候，仿佛推开了清华园的大门，你已身处清华学堂，在听我讲课。讲台上的我，把你引入宏观经济领域，让你身临其境，为你解惑。

也许你会问，宏观经济学是研究什么的?它研究经济增长、通货膨胀、财政政策、货币理论、就业和经济周期等。

也许你又会问，作为一个非经济学专业的我，为什么要懂宏观经济知识呢?

朋友，我们生活的世界复杂多变，我们每一个人都被宏观世界包围着，宏观决定微观，它不可改变也不可逆转，它教会你怎样经济地面对你的一生。

我的这本书用了简单的文字，讲解了宏观经济的理论和政策，描述了历史上发生过的恶性通货膨胀及其带来的灾难，还讲述了世界各国爆发的金融危机和债务危机。这些都在告诉你，我们生活的世界，科技发展一日千里，生活富裕程度今非昔比，但宏观上的黑天鹅、灰犀牛事件会不期而遇。你只有不断学习，才能应对不断变化的世界。

你需要记住的知识点：

• 经济中有外部性，需要政府走入经济生活，用各种手段对经济进行宏观调控。

• 税收政策重要，税收少了政府财政的钱不够花；税收多了企业和国民负担重，不利于经济发展，政府通过税收手段调控经济。

• 政府为什么要发债？因为税收不够，出现赤字需要弥补，所以发债。国债的好处是拉动经济快速发展，但如果国债规模控制不住，将会出现债务危机。

• 货币政策重要，货币少了经济运转不起来，货币多了会发生通货膨胀。货币政策有三大工具，准备金率、贴现率和公开市场业务。

• 经济冷时，央行采取松货币政策，降息降准，买进国债；经济热时，央行采取紧货币政策，加息提准，卖出国债。当你看到央行采取的招数，就能知道经济的冷与热。

• 经济不好时，政府加大发钞，会造成通货膨胀，严重时会发生恶性通货膨胀，你该如何避免通货膨胀的损失呢？

• 经济不好时，政府加大发债，会造成债务风险。如果发生了债务危机，你该怎么办呢？

这些宏观经济的知识点对你很重要，如果你能读完这本书，意味着你已经上了一个很大的台阶，你来到了宏观经济学的殿堂上，你知晓了经济学的很多概念和原理，知晓了世界上发生过的经济大事，你了解了一个浩瀚的经济世界。

说了这么多，是不是有的朋友心想，我能不能看得懂啊？

我的回答是，当然能。

这本书是一门经济学通识课，读了这本书，你就有了宏观经济学的基础。

那什么是通识？

通识教育起源于 19 世纪，当时有不少欧美学者有感于现代大学的学术分科太细了，知识被严重割裂，于是创造出通识教育，目的是培养学生能独立思考、对不同学科有所认识，以至能将不同的知识融会贯通的能力，最终目的是培养出完整的人。自从 20 世纪开始，通识教育已广泛成为欧美大学的必修课。因此，不论你从事什么工作，学了哪个专业，都应该接受宏观经济学的通识教育，这样才有可能适应未来的一切。

你该怎样读这本书呢？

你需要记住要点，反复思考，联系实际。让它变成你的知识，训练你经济学的思考能力。当你逐渐学会理性思考，学会抽象分析，你就能透过复杂的现象，看到问题的本质。这就是学术的魅力，它虽然没有艺术那么直接，但奥妙无穷。

这本书包含的内容值得你去思考和反复阅读甚至铭记，只要你静下心来读，都不难。因为书中没有复杂的公式，也没有枯燥的数字图表，我力图写得通俗，让你容易理解。

我相信，当你读完这本书后，你会发现宏观经济知识之美，你会了解国家政策、宏观调控，通货膨胀、金融危机等经济常识，你会豁然开朗。

哦！原来所有的一切都是这样的！

读完这本书后，你一定会很有成就感。在以后的人生中，无论宏观经济上发生了什么，你会很快感知到它给你的工作和生活带来的影响，甚至会影响到你的餐桌上。所以，宏观经济知识会让你比身边的人更加有预见性，当危机来临时，当经济出现困难时，你知道怎样应对。

学习知识就是一个潜移默化的过程，只要种下种子，一定会开花结果。

亲爱的读者朋友们，我是韩秀云。

让我们再次相遇在一个鲜花盛开、硕果累累的日子。

韩秀云

2019 年 9 月 15 日于香山

财政政策

一国经济究竟是怎样平衡的？宏观经济研究什么？用什么来计算一国的经济总量？市场会失灵吗？政府究竟在经济生活中扮演什么样的角色？我们生活的社会中，每天都离不开财政问题。所以，你需要了解财政知识，掌握财政政策，知晓经济的冷与热。

第1讲
看得见的手

英国经济学家亚当·斯密，在1776年写了一本书《国富论》，书中提出了一只“看不见的手”指的是价格机制。他建议政府不要干预经济，让价格机制发挥作用，经济自然会达到平衡。

亚当·斯密的这个思想统治了资本主义世界长达150年之久。在这么长的时间里，人们用斯密的理论管理国家——政府不干预经济，让经济自由发展，而政府只做一个守夜人。

直到现在经济学家还在争论：政府究竟该不该管经济？

这一讲，我们要谈的是这另外一只“看得见的手”。

什么叫“看得见的手”？

1929年，一场席卷世界的经济危机爆发了。危机首先从美国开始，股市崩盘、企业破产、银行倒闭、工人失业、经济陷入大萧条，很快就波及整个世界，各国都陷入经济大萧条中。

这时人们就问了，亚当·斯密说的“看不见的手”到哪儿去了？你说国家不管经济，经济就会自动发展。可是为什么我们现在都失业了，银行倒闭了，股市崩盘了？经济怎么才能恢复过来？我们该怎么办？

当世人都束手无策时，英国又有一个伟大的经济学家出现了，他叫约翰·梅纳德·凯恩斯。他在1936年出版了一本书，书名叫《就业、利息和货币通论》，我们简称为《通论》。

这本书可以称为经济学历史上一个重要里程碑。凯恩斯说，在经济萧条、股市低迷、失业严重的时候，你们都没有招了。但我有招，我的这个招就叫“看得见的手”。

凯恩斯讲过一个著名的“挖坑理论”：雇200人挖坑，再雇200人把坑填上，这叫创造就业机会。

雇200人挖坑时，需要发200把铁锹和200份干粮，这样钢材、木材和粮食需求就被拉动了。再雇200人把坑填上时，还需要发200把铁锹和200份干粮，钢材、木材和粮食的需求又被拉动了。

凯恩斯举这个例子是想说明，当一国经济萧条时，政府不是没办法，政府应该出来做点事儿。用这只“看得见的手”，通过赤字和发行国债的方式把经济从大萧条中拉出来。

因此，我们说“看得见的手”就是国家对经济的宏观调控。政府没钱但可以发行国债，用来刺激经济回升。

我们说，国家干预经济生活的历史是从凯恩斯开始的，宏观经济学可以说是凯恩斯开创的。经济学理论也从微观开始走向宏观，从个量分析走向总量分析。从凯恩斯开始，经济学产生了两个分支，即微观经济学和宏观经济学。

说到凯恩斯，他有很多传奇故事。大家都说，凯恩斯是个数学神童，他曾获得剑桥大学的奖学金，到国王学院数学系读书，但第一学期结束时他没能得到第一名，这时他发现，原来自己并不是什么数学神童。他想，既然不能名列第一，就不做数学家了。那做什么好呢？干脆去当文官吧，还可以周游世界。

可英国的文官考试非常严苛，他需要旁听很多门课。只有通过全部考试才能当选文官。他因此有幸旁听了马歇尔教授的经济学原理课程。剑桥大学这位著名的马歇尔教授可是微观经济学的集大成者。

上课时，凯恩斯坐在教室后面旁听，并没有人注意到他。但当他把考卷交上去后，马歇尔教授发现了凯恩斯这个天才。他在凯恩斯的答卷上这样写道："这是一份非常有说服力的答卷，深信你今后的发展前途，绝不仅仅只是一位经济学家而已，如果你能成为一位大经济学家，我将深感欣慰。"

初出茅庐的凯恩斯，竟然得到了马歇尔教授如此高的评价！

然而，具有讽刺意味的是，凯恩斯参加的文官考试，各门课的成绩都是A，唯独经济学考试不及格。他非常生气地说，典考官的经济学水平怎能看出我经济思想的光辉呢？

由于经济学考试不及格，凯恩斯的文官考试名列第二，他没能如愿去英国财政部工作，而是被派到印度事务部。当时正好赶上第一次世界大战的爆发，他亲眼看到英国政府是如何发行债券去打仗，战争结束后，钱又怎样回到了英国财政部，他目睹了英国政府发债的全过程。

第一次世界大战结束后，马歇尔还记着这个有经济学天赋的年轻人，并把他请回剑桥大学，做了经济学讲师，后提拔为教授。凯恩斯目睹了 1929 年这场席卷世界的经济危机。这时所有的经济学家都没招了，他站出来说，我有招，我的这个招是“看得见的手”，也就是国家对经济的宏观调控。

当一国经济不景气时，国家可以加大财政赤字、发行国债，刺激经济发展，政府运用宏观调控手段来解决经济问题。凯恩斯认为，供给不会自动创造需求。政府要刺激需求，拉动经济，就要靠这只“看得见的手”，用国家干预经济的方式来解决社会问题。

西方国家经济在凯恩斯的理论指导下开始复苏。美国的罗斯福总统采用了凯恩斯的理论，投资了很多基础设施，修建铁路，铺设公路，把美国从经济大萧条中拯救了出来。

从凯恩斯开始，人们看待经济问题也从微观转向宏观，从个量转向总量，国家大规模干预经济生活的历史从此开始。美国、英国乃至整个西方世界都从经济衰退中走了出来，因此出现了从 20 世纪 40 年代到 20 世纪 70 年代世界经济的蓬勃发展。可以说凯恩斯理论给西方世界带来了 30 年的繁荣。第二次世界大战后，西方各国政府都开始对经济进行宏观调控。人们把甚至不把凯恩斯的经济思想称为“凯恩斯理论”，而叫“凯恩斯主义”，可见其影响之大。

20 世纪 70 年代，国际上发生了两次石油危机，国际油价飙升，物价飞涨。政府继续刺激经济，经济不再增长，物价却在猛涨。人们说，凯恩斯的理论也不灵了吗？此时，西方国家的经济出现了“滞胀”现象，表现为经济停滞，通货膨胀。

这时很多经济学派应运而生。比较著名的是货币主义学派，其代表人物是美国的经济学家米尔顿·弗里德曼。他认为，都是凯恩斯的赤字财政政策惹的祸，没有凯恩斯赤字理论，经济就不会出现通货膨胀。针对通货膨胀，弗里德曼开出的药方是：经济发展多少，货币就增长多少，只要政府控制住货币供给量，就不会出现通货膨胀。这是货币主义学派的观点。

在里根任美国总统期间，有人建议他别再刺激需求了，应该增加供给，这样经济就会发展起来，因此又出现了供给学派。后来还出现新制度学派、福利学派等。

直到今天，如果你走进书店，会发现经济类的书籍琳琅满目。面对这么多学派的书籍你却无从下手。但实际上经济学只有两派，一派是新古典主义经济学，即那只“看不见的手”；另一派就是新凯恩斯经济学，即这只“看得见的手”。这两只手如同我们的左右手。两个学派一直在争论，究竟该用哪只手？

其实宏观经济对于任何一个国家来说，都是一个难题。日本经济曾在 20 世纪 70 年代至 20 世纪 80 年代每年以 10% 的速度增长。日本的汽车、彩电、冰箱出口世界各国。但在 1989 年日本经济泡沫破灭后，日本经济开始下滑。

近年来，日本银行的利率近乎为零，可是为什么日本人不去借钱，反而还去存钱呢？因为无论谁借钱搞实业、炒股票，都很难赚到钱。因此，当经济一直疲软时，不要轻举妄动，你动的时候经济有可能继续下降。

有经济学家给日本政府出招，让政府给日本国民 10% 的通货膨胀预期。言外之意，存钱每年贬值 10%，试图刺激国民消费。但日本政府对此一直非常慎重，因为当真正的通货膨胀来临时，无论对政府还是对国民都是一种灾难。

再来看中国经济，自从 1978 年改革开放四十多年来，我们步入上升通道，几十年的经济增长都达到了 10%，中国在 2010 年 GDP 总量超过了日本。现在我国经济步入中档车道，增长率在 6% 以上。

进入 21 世纪以来，2000 年美国的高科技股票泡沫破灭，2007 年美国次贷危机爆发，2008 年美国金融海啸爆发，2010 年欧债危机爆发。

当今世界，没有哪一个国家敢说已经解决好了宏观经济问题。失业、通货膨胀、通货紧缩、经济放缓、赤字、债务、金融风险、股市泡沫等一系列问题的解决之道依然在探索中。因此，宏观经济学依然是一门不成熟的学科，它会随着经济的发展而发展。

但是，千万别说宏观经济离你很远，其实它就在你身边，和你的生活息息相关。离开对宏观经济的理解，你将无法生存在这个国家和世界上。

第2讲
经济中的平衡

有人会问，一国经济究竟是怎样平衡的？宏观经济究竟研究什么？宏观经济研究经济总量和总量之间的相互关系。如经济增长率、就业率、通货膨胀率、税率、利率、汇率、经济周期等一系列问题。

有些大学生一毕业就找不到工作，为什么呢？作为个体可能不好理解，怎么读了四年大学，好不容易拿到学位证、学历证，却找不到工作了呢？如果从总量来看，你就会明白，这是我国的劳动力供给太多，劳动力总量过剩了。

企业家问："为什么我们生产出来的产品卖不出去呢？"这个问题，我们可以通过物价指数来了解。不是一家的产品卖不出去，而是整个行业都卖不出去。这种产品产出太大、供过于求，导致产品过剩。

一国经济如何平衡呢？

经济学家凯恩斯说，宏观经济太复杂了，涉及的内容太多了，让我来设计一个模型吧。把一国复杂的宏观经济部门抽象出来，用一个模型来表示，大家一看就明白。这就是凯恩斯的简单模型。为什么叫简单模型呢？就是不考虑利率的变化，假定利率不变。

凯恩斯说，一国的宏观经济中有两个部门，一是家庭，二是企业。家庭出卖劳动，到企业去工作，赚钱购买生活所需用品（即消费）；企业生产出产品，把产品卖出去，收回钱来继续生产。

一国的宏观经济要想平衡发展，它的条件是：家庭挣的钱全花了，企业生产的产品全卖了，这样宏观经济就能够正常进行。

可现实却是家庭挣的钱没有全部花出去，企业生产出来的东西没有全部卖出去。

凯恩斯又说，现实经济中每一个家庭都是一部分钱花出去，另一部分钱存起来。对企业来讲，它也不可能都在进行简单再生产，它想扩大再生产就需要投资。家庭不花的钱存进银行，就有了储蓄；企业扩大投资找银行借钱，就有了投资。只要企业的投资等于家庭的储蓄，宏观经济就能正常运转。

所以说，宏观经济平衡的最重要条件是：储蓄等于投资。这也是最核心的经济学原理之一。

人们为什么要储蓄？存钱有多种用途，比如给孩子准备学费，准备看病的钱，准备养老的钱等，因为对自己未来预期不够好，人们就要存钱而不是花钱。

当人们都这样想时，一国的储蓄率就高，压在企业仓库的东西就多。这样一来，想让经济转起来就很难。一方面是银行的储蓄居高不下；另一方面是仓库里的库存越来越多，一国经济就不可能正常运转。

凯恩斯说，如果想让两个部门的经济运转起来，储蓄就要等于投资。可中国是储蓄大于投资，经济就可能出现问题。大家看，我国政府这些年来一直希望人们把储蓄拿出来消费，只有花钱，经济才有希望增长。当储蓄大于投资时，就会出现通货紧缩，因为东西卖不出去，企业只能降价卖、便宜卖、保本卖，最后赔本也得卖。

可当投资大于储蓄时，大家都想赚钱，这时需求就多了，但东西少，物以稀为贵，商品就能卖高价，这就会出现通货膨胀。我们说，前者表现为通货紧缩，钱越来越值钱；后者表现为通货膨胀，东西越来越值钱。

因此，在凯恩斯的宏观经济模型中，两部门的经济要想正常运行，经济平衡的条件是储蓄一定等于投资。

凯恩斯还说，任何一个国家都不能没有政府，否则这个社会就会混乱。所以在他的模型中，要加入政府部门。政府怎么生存？它需要有收入，政府收入就是税收。税收用于支付政府工作人员工资、军队开支以及各项公共教育等费用。

把政府加入模型中，宏观经济的平衡条件是：财政收入等于财政支出。当我们每个人拿到收入时要交个人所得税，企业有了收入，要交企业所得税，还要交企业增值税等。

当大家把这些税缴纳给政府，政府有了收入，就要把钱花出去。这样宏观经济才能正常运转。如果政府财政收入不等于财政支出，就会出现财政赤字或财政赢余。

现在，出现财政赤字的国家比比皆是，也就是财政收入少支出多。所以减少财政赤字，是大多数国家政府面临的头号难题。

凯恩斯最后说，在这个宏观模型中，还要加一个国外部门。因为没有一个国家经济可以完全封闭起来，既不出口也不进口。所以，在这个模型中又加了一个国外部门，这就有了出口和进口。

当国外部门被加入时，宏观经济平衡的条件是：出口等于进口。

如果一国出口多，进口少，赚的钱多了，外汇就会流进来，表现为贸易顺差，就像现在的中国一样；如果一国进口大于出口，则表现为贸易逆差，就像现在的美国一样。无论是贸易顺差还是贸易逆差，这都是宏观经济不平衡的表现。

因此，我们分析两部门经济平衡的条件，是家庭的收入等于企业的产品。如果你不花钱，把钱存入银行，企业到银行借钱，那储蓄要等于投资；如果大家为政府缴税，政府收入要等于政府支出；如果一个国家和他国发生贸易往来，那出口要等于进口。

由此可见，在凯恩斯的宏观经济模型中一共有四个部门，即家庭、企业、政府和国外。

经济生活有两个方面，供给和需求。对于宏观经济来说，就是总供给和总需求。一国宏观经济究竟是怎样平衡的呢？

就是企业生产的消费品，加上储蓄，加上政府税收，再加上进口，构成总供给；它一定要等于人们的消费，加上人们的投资，加上政府的支出，再加上出口，构成总需求。

家庭总收入等于企业的消费品总量；储蓄等于投资；财政收入等于财政支出；出口等于进口，这就得到一个简单的总供求平衡公式：

消费＋储蓄＋政府税收＋进口＝消费＋投资＋政府支出＋出口

经济学里用字母来表示，就是：

$$C+S+T+M = C+I+G+X$$

公式的左边代表总供给，右边代表总需求，两边一定要相等。如果不等，宏观经济就不能平衡发展。凯恩斯在20世纪30年代就提出了这样一个模型，把一国复杂的宏观经济表露无遗，所有要素全部囊括其中。

可在现实生活中，储蓄等于投资吗？不等于！政府的税收等于支出吗？不等于！出口等于进口吗？不等于！都不等于，那宏观经济还能转动吗？

凯恩斯认为，它们不必个别相等，只要总量加起来相等就可以。当你把钱给了政府，政府一定要把这笔钱花出去，当你把钱存入银行，银行一定要把它贷出去，否则经济就不能发展。

现在我们知道，一国政府每天都在做什么。政府宏观调控一定要让总供给等于总需求，供求公式的左边代表总供给，右边代表总需求，这二者一定要相等，可是现实中它们并不总是相等。怎么办？政府调控经济，要做的就是通过宏观调控让总供给等于总需求，设法求得经济的平衡，让经济得以发展。

如果政府调来调去就是调不平，不是需求不足，就是供给过剩，宏观经济达不到平衡，那该怎么办？一句话，价格找平。

当一国宏观经济不平衡，需求太多，供给不足时，人们不愿意把钱存进银行，担心钱会越来越不值钱。所以不是拿去投资就是增加消费，结果物价指数就会攀升；反之，当供给太多，需求太少时，人们都愿意把钱放在手里或者存进银行里，就是不肯花出去。不管政府怎样刺激需求，使出什么高招，百姓就是不花钱，这时宏观经济怎么平衡？只能用价格来找平。

对企业来说，他们想卖出产品就得降价卖。如果原材料厂家让生产厂家买它的原材料，就必须价格便宜，甚至就赊账卖。

当生产厂家把商品送到超市时，超市说，你先把商品放在这儿，等三个月后我卖出去你再来结账。这种供过于求的结果，就是价格指数下降。所以我们说，当总供求不平衡时，只能用价格来平衡。

当价格指数上升时，经济开始回暖，总需求超过总供给，通货膨胀发生；当价格指数下降时，经济开始变冷，总供给超过总需求，通货紧缩出现。

政府对宏观经济的调控就是在总需求和总供给上做文章。政府不是在刺激总需求就是在增加总供给。不过，需要强调的是，政府动总需求相对容易，动总供给却相对困难。

动总需求，政府只要出台政策就能马上刺激消费，刺激投资，增加出口；但是动总供给却不那么容易。比如，想增加钢材产量，先要找到原材料，再买设备，然后培训工人，再进行生产，最快也得一年半载才能投产。所以，政府动总供给很难，动总需求相对容易。

因此，一国政府在短期内调整的是总需求，在长期内才能调整的是总供给。这一点很重要。如果总供给和总需求都调整不好，那就通过价格找平。

一国经济的总供给和总需求是否平衡，通过物价指数就可以反映出来。当你看到价格指数平稳运行，既没有通货膨胀也没有通货紧缩时，那你就知道，宏观经济趋于平衡了。

如果物价指数向上，说明经济开始回暖了；如果企业利润增加，说明经济开始起来了；如果股市回升，说明经济开始热了。

所以，我们说一国经济的平衡就是总供给和总需求的平衡。

第3讲

GDP：国内生产总值

说到一国经济，自然要提到经济总量。那么，用什么来计算一国经济的总量？用 GDP。用什么来衡量国家之间的差距？用 GDP。用什么来衡量各国人民生活水平的高低？用人均 GDP。

什么是 GDP 呢？它起什么作用呢？

世界上原本没有 GDP 这个概念。第二次世界大战结束后，整个世界的核算体系都乱了，谁都不知道哪个国家穷，哪个国家富，哪个国家创造的财富多，哪个国家创造的财富少。既没有统计也没有核算，国与国之间无法横向比较。一国国内也没有一个核算体系，不知道用什么办法来看本国财富是否增长。因此，这个世界急需一套新的核算体系，那由谁来做呢？

1953 年，联合国统计司找到剑桥大学的斯通教授，请他带头组织一个专家小组，专门研究一套国民收入的核算体系。斯通教授先设计出一套方案，供各国参考。1968 年，一套新的核算体系问世，并被 150 多个国家采用。1993 年完成修订。

我国从 1992 年开始实行新的核算体系。新体系就以 GDP

为核心指标综合而成。所以说，我国现在的核算体系是国际标准。在这个核算体系中，最重要的就是 GDP 指标。

GDP 就是国内生产总值，它是指一个国家或地区的所有常住单位在一定时期内（通常为一年）所生产和提供的最终产品和劳务的价值总和。换句话说，我们每一个人创造的财富都被记入 GDP 总量了。

GDP 是一个国家或一个地区在一年内究竟创造了多少新的物质财富。GDP 好比我国在一年内生产了一块蛋糕，这个蛋糕就用来代表我国新创造的经济总量。

计算 GDP 的方法有三种，首先，看这块蛋糕是怎么生产出来的。

第一种方法：生产法

GDP= 各部分增加值之和

增加值 = 总产出 – 中间投入

第二种方法：收入法

GDP= 固定资产折旧 + 劳动者报酬 + 生产税净额 + 营业盈余

从收入的角度看，GDP 由四块构成：第一块是固定资产折旧。例如，当一个人投资企业时，投资购买了 100 万元固定资产，年折旧率是10%，每年就有10万元的折旧费，国家资产也是这样，所以GDP的第一块是固定资产折旧；第二块是劳动者报酬，这是给工人、农民等所有劳动者的工资；第三块是政府的净税收，也就是国民交的税，由政府支配的部分；第四块是企业盈余，也就是企业家盈利的部分。政府把蛋糕分成四块，构成不同人群的收入，这种计算GDP的方法就叫收入法。

第三种方法：支出法

GDP生产出来又分配后，当人们拿到这些钱，是怎么花掉的呢？这就是GDP的支出法。

GDP=总消费+总投资+净出口（出口–进口）

现实中应用最多的是支出法，GDP的一部分被人们拿去消费了，另一部分被用于投资。但在经济总量的计算中，还要考虑流往国外和从国外流入的部分。也就是说，外国人购买了我国的产品，算中国出口，需要记入中国的GDP。

为什么出口也算中国的GDP？原因是当我们把产品出口到国外，外国人购买了我国的产品，外汇就流入我国的企业，我国的蛋糕就做大了。但我国进口别国商品时，同样也做大了他国的蛋糕。

所以在计算GDP时，要计算净出口，即出口减进口。GDP分成三块：总消费、总投资、净出口，这三块构成了GDP的总量。

这个公式加一个“净”字，表示出口减去进口。我们说，宏观一定要加一个“净”字。假如，我国出口 1 000 亿美元产品，进口 1 200 亿美元产品，这时出口对我国 GDP 的拉动就变成了负 200 亿元。因此，只有出口才对我国 GDP 构成拉动。

这就不难理解，我国政府这些年来为什么要刺激出口，因为出口会增加我国的 GDP。同样，如果外国产品都进入中国，我国的 GDP 就会缩小。因为我们的钱流走了，构成别国的外汇，成为它们的收入。

所以，出口有利于做大本国的 GDP，进口有利于做大别国的 GDP。

如果中国人开的都是美国汽车、德国汽车等外国生产的汽车，那我国的 GDP 就缩小了；只有做大我国产品的出口，GDP 才会扩大。这说的是出口对本国经济的拉动。

因此，拉动一国经济增长有三驾马车：总消费、总投资、净出口。要做大一国的经济总量，增强一国的经济实力，政府就要在这三驾马车上下功夫。如果三驾马车都跑起来，该国的经济发展速度就会加快，只要有一驾马车倒下，经济发展就会放慢速度。

美国是当今全球经济实力最强的国家，就是拿 GDP 总量来说话的；中国是发展中国家，是用人均 GDP 来衡量的。国与国之间的实力比较，贫富差距的比较都是用 GDP 来衡量的。

美国著名经济学家萨缪尔森说过，GDP 是 20 世纪最伟大的发现之一。这一点确实不假，如果没有这个发现，我们将无法得出美国为什么富，发展中国家为什么不富的结论。

下面让我们看一组 GDP 数据：

2001 年中国加入世贸组织时，我国人均 GDP 不到 1 000 美元，和美国人均 GDP 相差 40 倍。2010 年，中国经济总量超过日本，排在世界第二的位置。

中国加入世贸组织这 18 年来，我国的国内生产总值从 2001 年的不到 10 万亿元人民币，增长到 2018 年的 90 万亿元人民币，经济总量增长约 9 倍。再从人均 GDP 看，我国加入世贸组织时人均 GDP 不到 1 000 美元，2018 年年底，人均 GDP 达到 9 800 美元，我国人均 GDP 也增长了 9 倍。然而，美国在 2018 年的人均 GDP 已超过 6 万美元。

虽然从 GDP 总量上看，中国和美国只差 1/3，但从人均 GDP 上看，我们和美国还差 6 倍多。9 800 美元在国际上排名只是第 70 位左右。因为中国人口多，这块蛋糕分到每个人的碗里就少了。所以中国眼下还是世界上最大的发展中国家，我们前面的路还很长。

GDP 说起来宏大而抽象，它却有非常现实的应用价值。通过 GDP 指标，我们可以计算很多数据，比如消费率、投资率、增长率等。

我国政府宏观调控政策的出台就是看这个指标，如果增长率向下，说明经济下行了，需要宏观政策的调整，如果出口减少，就需要政策的刺激。

第4讲

市场会失灵吗？

现在人们普遍接受亚当·斯密的经济理论，靠的是市场那只“看不见的手”。亚当·斯密说，政府别干预经济，价格机制本身就能调节经济。看价格就知道，赚钱的事我们会做，赔钱的事我们不做；对我们有利的事会做，对我们没利的事不做。

可是，当河流被污染，山林被砍伐，当孩子们需要学校，出行者需要道路，当贫困山区的人们生活困难，当失业下岗的人揭不开锅时，市场是无法应对的，这就是市场失灵。

特别是经济大萧条的来临，显示了市场之手的无助。人们发现，原来有些事情是市场不能做的，市场在某些方面存在失灵。

市场失灵的第一个方面：经济中的外部性

我国某些地方河流污染严重，为什么河水被污染了呢？前些年来，北京的沙尘暴很严重，可在此之前北京的天气多好，哪有什么沙尘暴？而且，现在影响北京空气的还有雾霾。

沙尘暴是怎么产生的？十几年前，距离北京70公里以外有一个地方叫“天漠”。记者到那儿去采访，发现整个村庄都快被沙子淹没，沙土甚至堆到了窗户边上。记者再看，发现家家户户的院子里、房顶上都有大堆的灌木，每家都有 2 万多株。这些灌木是他们从山上砍来的，是冬天取暖、夏天做饭的燃料。后来当地搞起了旅游，这儿有了个新名字叫“天漠”，意思是天降大漠于此。可若干年前这里是个山清水秀的地方，根本就没有沙。

为什么会出现这么多破坏环境的行为呢？这种现象又是怎么产生的？

经济学把这种现象叫经济中的外部性。什么叫外部性？就是一个人做了一件事，他对这件事的后果不负任何责任，他做了坏事不受惩罚，做了好事也得不到补偿，这就是经济中的外在性。当存在外在性时，市场解决不了它，价格也影响不了它。

河水为什么会被污染？许多化工厂、制药厂排出的废水直接流入河里，导致河水被污染。因为企业购买一套污水处理设备花费巨大，直接排走污水则可以省下很多钱。上游人排污，下游人吃水。这就是经济中负的外部性。

1998 年，我国遭遇了百年不遇的特大洪灾，这是由于蓄洪能力不足才导致的灾难。我国的长江、黄河、淮河过去为什么经常洪水泛滥？是上游过度砍伐造成的。上游地区把山上的树木都砍了，水土无法保持，泥沙跟着雨水冲刷而下，形成了一次次洪峰，这也直接导致了一次次的抗洪和泄洪。经济中负的外部性比比皆是，一些人的行为损害了其他人的利益，但他们并不为此付费。

经济中还有正的外部性。有些人对社会做出了极大的贡献。比如，发明家用了很长的时间和精力，甚至带领一支团队去研发，最终促成新发明的问世。但他们成功后，又能获得多少经济利益呢？爱迪生发明了电灯，让人类告别了黑暗，但他自己又能从中获利多少呢？

当人们做出巨大贡献时，市场并没有对他们进行补偿，这是经济中正的外部性，也是市场机制不能解决的。所以，无论是正的外部性还是负的外部性，都是市场机制不能解决的。

经济生活中，还有一种情形也是市场机制不能解决的，那就是公共物品的缺失。

市场失灵的第二个方面：公共物品的缺失

全社会资源分为两种，一种是私人物品，一种是公共物品。

每个人身上穿的衣服，手里拿的东西都属于私人物品。私人物品具有两个特征：一是竞争性，二是排他性。这是价格机制可以解决的，人们只要出钱就可以购买并将其变为私人物品。

此外，这个社会还有许多公共物品。公共物品也有两个特征：一是非竞争性，二是不排他性。比如，路灯是公共物品，谁都可以从路灯下走过，不需要缴费，没有竞争，也不排他。又如，北京新修了一条路，大家通行时不用交费，因为这条路是公共物品。国防也是公共物品，它为全体国民提供保护。修好的路大家都能走，路灯照亮所有行人，还有国家的司法、教育、公共卫生、基础设施等等，这些都属于公共物品。

公共物品在消费中不具有竞争性，全体成员都能享受它们，多一个人消费不增加它的成本，但想要排斥别人的消费，成本就相当高了。毕竟，我们不能在每盏路灯下都派一个警察，没有交钱的人不能通行。我们也不能在面对敌人的炮弹时，让国防军队只保护纳税的人。所以，在公共物品的使用上，排斥别人的费用是极高的，也是非常困难的，但增加一个人并不增加它的成本。

从需求看，人们对公共物品的需求越来越多。谁不想呼吸新鲜空气？谁不想看到绿水青山？谁不想让自己的孩子接受义务教育？谁不想去图书馆免费借阅图书？大家都有这样的愿望，于是对公共物品的需求就越来越多。

但从供给看，公共物品的供给为零，全社会都需要的东西却没人愿意提供。为什么呢？

因为如果是私人物品，它有一个市场价格，不出钱购买就不能得到这个东西。但公共物品是免费的，消费时不需要花钱。由于没有人买单，那谁还会提供呢？

试想，如果有人提供了公共物品，使用时没人交费，大家都想免费使用，那么生产者和消费者之间的链条就断掉了，市场就失灵了。

社会确实需要大量的公共物品，可没有人愿意提供，怎么办？于是政府说：既然所有人都需要这些东西，又没有人来提供，那就由政府来提供公共物品，以满足大家的社会需求。而政府的财政收入，是通过大家缴税的方式获得。

因此，公共物品还具有强制性，典型的例子就是国防。有人说，我家住在深山老林，根本不需要国防保护。但是，国防保护的是全体国民，并不因为个体需求不同而区别对待。无论你缴税与否，国防都会保护这个国家所有的人。

那么，高速公路是公共物品吗？有人说是，也有人说不是。首先要看高速公路是否具备公共物品的两个特征：非竞争性、不排他性。高速公路虽然不具有竞争性，但却有排他性。不交费的车辆不能上高速公路。但高速公路也不是私人物品，因为它不限制任何车辆，只要交费，什么车都可以走，所有人都可以使用。那高速公路究竟是什么物品呢？这就引出一个新的概念——准公共物品。

因此，公共物品又分为纯公共物品和准公共物品。

纯公共物品具有两个特征：非竞争性、不排他性。如国防和义务教育等。

准公共物品只具有一个特征：或者不竞争，或者不排他。收费的高速公路就是准公共物品，它不具备竞争性，却具有排他性，只有交费才能通行。同理，收费的公共厕所也是准公共物品。

所以，政府在有能力的情况下，要多提供公共物品。但如果政府税收不够，则可以提供准公共物品。让民营企业或外资企业投资准公共物品。比如，可以把一条高速公路外包给外国公司来修，可以把一个港口外包给民营企业去建。

有人问了，那我国的教育是公共物品吗？就现状看，九年义务教育是公共物品，这是由国家来提供的。但是，如果年轻人想继续上学深造，就需要自己交一些钱，这时的教育就变成了准公共物品。

所以，政府在有能力的情况下，要多提供公共物品，在没有能力的情况下，要多提供准公共物品。

试想一下，如果我国许多城市的道路都是准公共物品，那生活起来多不方便。开车一族要准备好零钱，每到一个地方交一次费。

当一条路的建设费用收回后，政府就该把这条路还原为纯公共物品，不再收费。等一国经济真正发展好了，在财政充裕的情况下，许多准公共物品就能变成纯公共物品。这时，我们的生活质量就会大幅提升。也许孩子们可以直接上大学，而不需要交学费，道路可以随便走，不必再准备“买路钱”了。

市场失灵的第三个方面：收入分配不公平

我国现在的贫富差距很大，这就涉及收入分配不公的问题。

收入分配不公也是市场机制解决不了的。市场只能解决效率问题，让经济快速发展，但不能解决公平问题。这是市场失灵的又一种表现。

收入分配不公平只能由政府解决，政府向高收入人群多征税，给低收入的人发放生活救济金，给予补助，让穷人也能过上温饱的日子。这就是我国政府目前正在做的脱贫计划。

第5讲

政府扮演的经济角色

上一讲我们谈了市场失灵，需要政府来解决经济中的外部性，提供公共物品，解决收入分配不公平等问题。那政府究竟在经济生活中扮演什么样的角色？它又怎么扮演好这些角色呢？

第一个作用：稳定经济

苏联从1991年年底开始，分解成15个加盟共和国。俄罗斯政府总理换了一任又一任，卢布一贬再贬，俄罗斯国民的物质生活一度严重匮乏，直到普京总统上台后经济才逐渐有了起色。阿根廷自从2001年发生金融危机后，几天就换一个政府领导人。为什么呢？就是因为阿根廷的经济搞不下去，不换不行，谁上台经济都玩不转。日本更是如此，首相面临下台尴尬境地的事情时有发生。大家知道，政府如果把经济搞得一团糟，百姓绝对不会让他们继续在台上，肯定会频繁地更换政要。

可见，政府在经济生活中的第一个重要作用就是稳定经济。

我国从1978年的改革开放走到今天，政治稳定，经济长足发展。但如果经济发展不好，我国的政治还能稳定吗？

第二个作用：提供公共服务

这个社会需要大量的公共物品，国民需要清澈的河流、新鲜的空气、完善的交通网络以及良好的教育。这些东西都该由政府提供，政府应该多提供公共物品。

大家看，那些跨国公司来中国投资，为什么他们愿意把资金投到东部，而不愿意投到西部呢？为什么他们愿意把钱投到珠江三角洲和长江三角洲？其中一个重要原因是沿海发达城市的公共物品多，那里的道路修好了，桥梁建成了，他们到那里投资不需要再修一条路，再建一座桥，就可以解决货品的运输问题，节省了生产成本，有了规模经济，效率就高，利润就大。

如果西部的海陆空交通运输都发达的话，这些海外投资企业在那儿生产一个商品的成本跟在东部生产一个商品成本没有太大的区别，那么它们也会愿意去西部投资。

有人会问，东部的公共物品又是谁提供的，道路是谁修的，桥梁和码头是谁建的？这些都是国家提供的，地方政府承担了提供公共物品的责任。所以，作为一国政府，它的一个重要作用就是提供公共服务，如架桥、修路、教育、环保、国防等。

你是否经常想，如果让我一直读书那该有多好。当人们都这么想时，由谁来养活我们？每一个人都希望自己多读书，也希望自己的孩子多读书，但读书是需要钱的，需要支付学费以及一些其他的费用。

如果一国经济强盛，教育完全由政府投资，这也是一笔巨额的财政支出，因为教职人员的工资是由财政支出。如果我国财政多支出一些给教育，我国教育事业发展了，反过来国力增强了，国民素质提高了，中国的未来会更有希望。

如果说教育是软件，那基础设施建设就是硬件。当路铺好了，经济轮子转动得快了，外资投入就变多了。当人们富裕后，小城镇发展起来，农村人口就能转到城市来，第三产业和服务业就相应发展起来了。

大家看，过去那些年我国政府借债铺了很多路，就是为了发展经济。只有做好铺垫，飞机才能在快速道上起飞，汽车才能在高速道上奔弛。所以，政府最重要的经济职能之一是提供公共服务。

第三个作用：提供公平竞争的条件

作为一国政府，应该给所有国民创造一个公平竞争的机会，让每个人都站在同一起跑线上。比如，你的教学能力比我好，我就不需要站在讲台上；如果我经营企业的能力比你好，我就当一名企业家。咱们之间可以公平竞争，每个人都能够发挥自己的长项。

政府就要创造一个公平竞争的条件，要让有才能的人去创造社会财富，让适合做企业的人成为企业家，让适合当官的人去做政府官员，让适合讲课的人站在讲台上。这是政府该做的事情。

第四个作用：解决收入再分配的问题

前面我们谈及，有些经济问题市场不能解决，市场只能用价格机制解决问题，只要有利润人们就愿意去投资。但市场机制不能解决贫困人口怎么生存的问题。有些人因为没有工作能力而找不到工作，还有些人因为别的原因失业了，这些问题谁该负责呢？

在我国产业结构的调整过程中，有些企业没有竞争力，生产出来的东西卖不出去，无法维持企业运转，工人只能下岗回家，这是一种客观情况。但是，作为政府该给这些人发放生活费吗？该让这些失业的人有饭吃吗？当然应该！解决收入的再分配问题也是政府要做的重要工作。政府的经济职能之一就是通过政府税收的杠杆解决穷人的基本生存问题。

总结起来，政府在经济生活中要发挥的作用有四个：第一，稳定经济；第二，提供公共服务；第三，创造公平竞争的条件；第四，进行收入再分配。下面我们举例来说政府的经济作用。

案例一：关于公共服务问题

20 世纪 90 年代初，我在德国慕尼黑乘坐地铁时，我看到地铁站里有这样一则广告："乘客们，请你们放心安全地乘坐慕尼黑的地铁吧！你们知道吗，这个城市的地铁里，每天都有 5 000 多个秘密警察在保卫着你们的安全。"

慕尼黑这座城市有 100 多万人口，它的地铁线路非常发达，城市的地下都修通了。你想想看，有 5 000 多个秘密警察在保卫着乘客的安全，这些警察可是政府出钱养活的。如果一个国家没有那么多的财力，没有那么强大的经济实力，能有那么多人去从事这项工作，去保障乘客的安全吗？所以说，公共服务这件事该由政府去做。

案例二：关于公平竞争的问题

20 世纪 90 年代的德国慕尼黑，修建了一个现代化的机场，花了 80 多亿马克。机场建成后，刚开始运营时就有人把德国的西门子公司告上法庭。事情的经过是这样的，德国慕尼黑机场所有工作用的电脑、机场大屏幕的计算机，全是西门子公司免费赠送的，其他公司就把西门子公司和慕尼黑机场一并告上了法庭，说它们违反了公平竞争法。

大家猜猜看，这个官司谁赢了？这个官司原告赢了。因为人们这样问，慕尼黑机场有那么大的客流量，西门子公司送计算机给机场，这就是变相做广告。德国是一个公平竞争的国家。如果机场需要计算机，它应该向所有公司公开招标购买计算机，用市场价格决定谁能胜出。被告之所以输了，就是因为违反了公平竞争法。值得我们思考的是，维护社会公平竞争，就需要政府去制定和完善规则。

案例三：政府用经济手段管理社会

在德国夜间走路时，游客会觉得非常安全。因为在德国谁都不想做错事，谁也不敢做坏事。如果一个人有3次犯错记录，他失业后就无法领取救济金，也没有了养老金，以后的生活就没有了保障。这样严厉的惩罚措施，谁还敢犯错呢？所以人们走在路上，不必为自己的安全担心，因为做坏事的人才不安全。这正是政府在管理这个社会时采用的经济手段。

所以我们说，政府应该稳定经济，提供公共服务，保证公平竞争，进行收入再分配。

有人就问，上述这些例子都是西方国家的事。在当今中国的市场经济条件下，我国政府该做什么和不该做什么呢？

我们说，政府该做的事很简单：一是避免经济中负的外部性。凡是有负的外部性，政府就该重罚，罚到他们再也不敢往河里排放废水为止。这样就保护了我国水源不再被污染。二是提供公共物品，国民一定要有路走，有书读，有教育，还要有国防，这些都是公共物品，是政府应该提供的。三是收入再分配，解决穷人的基本生存问题。

那我国政府不该做什么呢？政府最不该进入竞争性行业去经商办企业。如果政府要做企业，那么别人还做不做？该怎么做？如果政府进入竞争性行业，还有谁能跟他竞争，因为政府是游戏规则的制定者。

经济学有一种观点：政府是足球裁判，负责制定规则，在场上监督；企业是足球运动员，它们上场踢球，犯规罚下。企业是运动员，它的任务就是上场踢球，踢不进球甘愿认输，按足球规则去做。

如果政府也上场踢球，这样的裁判执法，能够做到公正吗？

所以，政府只做裁判，才能保证比赛的正常进行。企业只做运动员，按规则踢球，这场球才好看。

我国政府既有缺位问题又有越位问题。政府只能解决市场解决不了的问题，市场能够解决的问题，政府就不要去解决。政府在市场失灵的领域，该做的事儿很多，但政府没有钱去做，这就导致政府职能的缺位；市场可以自己解决的事，不需要政府介入，政府非要去做，这就导致政府职能的越位，就会出现垄断和不公平等现象。

我国政府要从越位的地方退回来，把缺位的东西补上去，这样我国政府才能做到高效、公正、廉洁，我国经济才能正常发展。

第6讲

财政的收入与支出

我们生活在这个社会，每天都离不开财政问题。所以，我们需要了解财政知识，了解财政的收入与支出，也就是财政的钱从哪里来，又花到哪里去了。

当一国经济增长年份好时，政府的日子就好过；当一国经济增长年份差时，政府的日子就难过。政府走入经济生活就需要有收入。单是要养活那么多的政府工作人员，就需要大量的钱，财政的钱从哪儿来呢？

我国财政收入的主要来源

我国的财政收入的主要来源有四个渠道。

第一，税收收入。税收是最大的一块财政收入。任何一个国家，无论是发达国家还是发展中国家，政府财政收入主要都是从税收中来的。我国财政收入的绝大部分也是从税收中来的。税收的特点是强制性和无偿性。政府收税之后，无须再返还。

第二，债务收入。当政府的钱不够花时，它可以借债。债务收入是自愿的，但需要政府还本付息。债务收入和税收收入是完全不同的。因为借债可能存在还不上的风险。

第三，企业收入，也叫国有资产收益。它是指国家凭借国有资产所有权获得的利润、租金、股息，红利、资金使用费等收入的总称。因为国有企业是国家出钱办的企业。

第四，其他收入。例如，使用国有森林、地下资源等国家资源必须向政府缴纳一定费用。此外，政府还会有一些转让使用的收入。

可以说，财政收入中最核心的部分是税收。包含企业上缴的增值税、营业税、所得税等，以及我们每个人上缴的个人所得税，还有关税、金融企业所得税等一系列税收。

目前，我国税收管理体制分为国家税和地方税两部分，国税归中央政府所有，地税归地方政府所有。

为什么要征税?

有人会问，国家为什么要征税呢?

这是一个非常古老的问题，一般人都不喜欢税，即使是一国总理也不例外。德国前总理科尔在任时政绩斐然，他在东西德统一上做出了巨大贡献。

20 世纪 90 年代初，他率德国代表团到中国访问，随团带来了一百多位企业家，这一行他们和中国谈成多笔生意。这些人登上返程飞机后，所有的人都兴致勃勃地谈论着这次跟中国做成的大生意。当所有人都在高兴时，只见科尔总理在那儿低着头计算着自己这一年来的消费总额有多少可以退税。

在德国，每人在消费超出一定数额后的部分，再消费就可以退税了。这是一项为了鼓励德国人多消费的税收政策。科尔总理一边计算着，一边在嘴里嘟囔着："唉！真倒霉，我这一年挣的钱都纳税了！"

德国前总理科尔本人竟然都抱怨税收征得太高了。作为一国总理，他的收入高，要缴的税自然就多。所以我们说，政府的税收具有强制性，是每个公民应尽的义务。不论是高官还是普通百姓，都必须纳税。

也许有人会问，政府为什么具有收税的权力？关于这个问题，经济学理论到今天都无法解释。我们只能说这是一种社会契约，社会全体成员为了获得政府的保护，选择让政府站出来。也是因为我们需要公共服务，需要公平竞争，需要制定规则，需要避免经济中负的外部性等等，公民自愿赋予政府这种权力。大家缴税，让政府来管理我们这个社会。

这里说个小故事。我们知道，荷兰是靠海上贸易起家的，它曾在 17 世纪特别辉煌，占据海上贸易霸权长达 150 年之久。当荷兰人富裕后，他们却不愿意自己管理国家。荷兰商人只想着赚钱，最后他们商量决定，干脆委托英国政府代管荷兰，他们愿意出钱让英国人来管。这个故事说明，一个社会是需要有人来管理的，而政府管理国家需要经费。

因此，可以说税收是一个政府生存的经济基础，没有税收，政府将难以维持。所以缴税是每个公民的义务，如果大家都不缴税，政府就无法运转。这就是为什么我国在形成市场经济的过程中一直都在研究税制改革这个问题。

有人问，我国的财政收入是怎么增长的呢？我们说，政府财政收入的增长主要取决于GDP增长，GDP增长了，税收才能增长；而GDP要增长，企业的效益就得提高；我们每个人的收入提高了，企业的效益好了，政府的税收自然就会增多。

我国在20世纪90年代，中央政府每年的财政收入只有1 300亿元，到2006年我国财政收入已增长到3.9万亿元，2010年我国财政收入达到8万亿元，2018年财政收入是18万亿元。从1 300亿到18万亿元，如此巨大的变化，这一切都源于中国经济的增长。

概括起来，我国的财政收入来自四个方面：税收收入，债务收入，国企利润以及国有资源的收入。

财政支出有哪些方面？

政府得到收入后，这些钱又是怎样支出的呢？我国财政支出分为两部分，一部分是经常性支出，一部分是建设性支出。

比如，我国公立大学教师的收入就是从政府税收中来的。国民缴税给政府，政府把这笔钱从财政部拨出一部分给了教育部，教育部拨给了全国的高校，高校再给教师们发工资。

我国有两百多万军人，有国家的公检法机构，有教育部门，有科技部门，还有庞大的公务员队伍，这些都需要国家财政养活，政府要给他们发工资，这些支出就叫财政的经常性支出。这里提出了一个概念，经常性支出。

什么是经常性支出呢？就是每个月都要支出的钱。例如，这月发给公务员的工资，下月还得发，需要一直发下去。

美国政府机构为什么经常关门呢？是因为美国政府时常发不出工资。

所以，财政的经常性支出是政府每月都必须向外支出的，而且是无法收回的。

经济学理论上讲，工资具有刚性。什么叫刚性？就是工资只能涨不能降，除非出现了万不得已的情况。我们常见的西方国家的公务员或政府雇员，一听说要减薪就上街游行，谁也不愿意降工资。经常性支出是政府财政支出中非常重要的一部分。我国政府每一年的财政收入绝大部分都用作经常性的支出，用于公务员和其他国家公职人员发放工资。

总结起来，财政的经常性支出包括三个方面：第一，维持国家机器运行的需要；第二，支持科学、教育、文化、卫生等公共事业的发展；第三，建立和维持社会保障体系的运行。

在财政支出上除了经常性支出，还有一部分叫建设性支出。比如，我国搞了很多大型项目投资，修建京九铁路、三峡工程等，仅三峡工程的预算就有 2 000 多亿元人民币，当然这些项目有时是靠发行国债进行的。但是，这毕竟属于财政资金的投入，属于建设性支出。

建设性支出又包括两方面：一是投资关系全局的基础设施建设；二是投资大中型企业的建设。

所以，财政的经常性支出和建设性支出一定要分清楚。经常性支出就是每个月都必须支付的钱，如果财政没有钱，那么政府机构就无法正常运转。财政余下的钱用来搞建设，如果钱不够，政府可以通过发行国债的方式搞建设。关于国债的内容我们会有专门的章节来阐述。

第 7 讲
中国的分税制

上一讲我们谈了财政的收入与支出，这一讲主要谈谈我国的分税制。

我国财税体制改革过程

让我们一起回顾一下我国财税体制改革的过程。

1949 年以后，我国财政采取的是“统收统支”，也就是说国有企业赚了多少钱全部上交国库，所有的支出再由政府拨下来，中央政府是统一收入、统一支出。20 世纪 80 年代以后，我国财税制度进行了三步改革：第一步改革是“利改税”，就是把所有国有企业上交的利润改成税收，不管是民营企业还是国有企业，一律要缴税，外资企业也不例外；第二步改革是“拨改贷”，就是以前给国有企业的拨款都改成了银行贷款；第三步改革是“统改包”，就是把过去的“统收统支”改成了中央政府和地方政府财政之间的“包干制”。地方收上税来后，定好一个基数给中央政府，余下的由地方政府自己支配。

“包干制”造成地方财政多收多支，少收少支，不收别支的状况。这样一来，富裕地区企业多，政府税收也多；而贫困地区政府即使想多收也收不上来。这些地区的企业不多，百姓生活都困难，哪还有钱缴税？

这就出现了我国财政的不平衡问题，一些地区的经济是良性循环，另一些地区的经济是恶性循环。富裕地区财政非常有钱，而穷困地区连公职人员的工资都发不出来。

在我国财税体制改革过程中，还差最后一步没改，那就是“费改税”。就是把所有该收的费都变为税。例如，把我国高速公路的交费变成税收，就叫“费改税”。例如，一车蔬菜在山东生产基地才卖几毛钱一斤，运到北京就卖几块钱一斤，为什么呢？因为一车菜在高速路上要交上千元的费用，菜价自然就贵了。

我国怎么能把这种收费变成收税呢？对这个问题大家一直都有争议。有些人担心，如果真的把收费改成收税的话，那费没人收了，税收也不会增加，没人再去收了。为什么呢？因为收了税归国家，地方政府就没有了积极性。

财政面临种种难题，1994年我国进行了一次大型财税体制改革。这次改革非常不容易，因为财税体制改革涉及的都是利益分配。改革对贫困地区来说当然是好事，可富裕地区的人们说，我们刚刚有点钱，地方政府手头刚宽裕一点，就想都收走吗？如果富裕地区不愿意把钱交到中央，那贫困地区有困难需要找中央政府时，中央政府又从哪里拿钱呢？

1994 年我国的财税体制改革只改了怎么把钱收上来，但没改革怎样把钱支出去。比如，我国建立了企业所得税、个人所得税制度，统一了内外资企业的税率等，而且实行了分税制，把税收的权限分开了。应该说，这场改革之后，我国中央财政和地方财政收入都在增长，政府宏观调控的能力增强了。

我国的分税制

分税制是我国现行的税制。所谓分税制是指中央政府和地方政府分开征税，一个是中央税，一个是地方税，还有一个是共享税。税收的人事权也分开了，有一个国税局和一个地税局，国税局替中央政府收税，地税局替地方政府收税。形成两套税收班子，2018 年合并成新税务局统一挂牌。

1994 年的这次改革明确了中央和地方的支出原则。中央政府承担全国性的支出，地方政府承担本地区的发展支出。

我国在实行分税制时，明确界定了中央税和地方税的范围。当时的设想是，中央政府收那些好收的税，地方政府收那些难收的税。中央政府收的税由国税局完成，成立一个地税局来收地方税。比较大的税种由国家来收，比较小的税种由地方政府去收。什么是大税种呢？比如关税就是大税种，还有金融企业所得税，这些都属于中央税。

地方税包括营业税、个人所得税、屠宰税、车船税等。还有一种税叫共享税，企业的增值税就是共享税。企业增值税全部上缴国税局，中央财政留下75%，25%返还给地方财政。证券交易印花税也属于共享税。

我国的税制采用的是累进制，就是随着收入的提高，税率在不断提高，多赚钱就多缴税。其中也有一部分是按比例缴税。2018年8月31日，全国人大通过修改个人所得税法的决定，把个税免征额由原来的3 500元提高到5 000元。我国现在个人所得税的起征点是5 000元。就是说5 000元以下收入的人不缴税。在个人所得税上，我国实行超额累进税率，税率有7个等级，从3%~45%不等。

分税制带来了哪些问题?

事实上，分税制的确带来了一些问题。

第一，地方财政苦乐不均，有的地方富，有的地方穷。中央财政现在每年都会拨给贫困地区很多钱，支援它们的发展。尽管如此，这些地区还是很困难，它们没有钱去发展，我国的中西部地区与东部沿海地区在财政收入水平上有一定差距。这些地区财政收入少，到了要支出时捉襟见肘。

我国1994年的财税体制改革，只在怎么把钱收上来的问题上做了改革，没有在怎么把钱支出上做改革。因为财政支出改革，涉及的各方利益太大了，它是在地方政府和中央政府之间做利益划分。

我国的财税体制改革很快就要走到这一步，就是要改革财政的支出体制，让我国财政支出变得更合理，更符合各方利益，更能调动地方政府的积极性，缩小各地方在经济上的差距。

虽然我国财政收入这二十多年来的增幅很高，政府口袋里的钱也越来越多，但是我国中央财政的支出每年都在上涨，几乎每三年半就翻一番，支出远远大于收入。

第二，我国的义务教育该由谁支出？以中小学九年制义务教育为例，该由哪级财政来支出呢？当前，我国中小学教育是由地方财政来支出的。当地方财政钱不够时，中央财政再补助。

这样一来，富裕地区政府有钱，那里的办学条件就会好一些，贫困地区政府钱不够，就会有失学儿童。有失学儿童的时候，中央政府就得管，否则就会出现教育不公平等现象。有些地方办希望小学，就是地方财政经费不足导致的。

第三，个人所得税应该属于地税还是国税？当前，我国个人所得税属于地税。但随着经济发展和人们收入水平的不断提高，个人所得税会成为一个大税种。这一观点早已被西方发达国家的实践证明，西方国家的个人所得税占税收的比重很大。现在中国的个人所得税也正在变成一个大税种。

大家看，如果一个地区富裕，个人所得税缴得多，地方政府的财政收入就会多，比如北京、上海、深圳、广州等地，人均收入高，地方财政收入就多。贫困地区的个人收入不高，没有钱缴税，地方财政就收不上钱来。所以，个人所得税加大了中国各地区之间的贫富差距。

第四，土地出让金的问题。在 1994 年财税体制改革时，中央政府以为土地出让金是一笔小数目，就把它划归地方政府。没想到土地出让金变得越来越大，由于商品房的出现，卖地成了地方政府的大收入，这造成了我国现在是土地财政，越穷的地方盖的楼越多。试问，如果地方政府没地可卖时，那财政支出怎么办？因此我国一定会推出房地产税。

我国未来会推出什么税？

我预测，我国未来会推出两个税种：一个是房地产税，一个是遗产税。

关于征收房地产税，目前国家正在研究中。未来一定会征收，这是为了解决地方政府财政收入的来源问题。

关于遗产税，西方各国政府都有征收，中国眼下还没有开始征收，但未来也一定会征收遗产税。为的是不让贫富在下一代转移，让每个人不因为出生在富裕家庭就不去奋斗。遗产税可以打破阶层的固化，让每个人都有机会成功。但遗产税推出需要时间，就像房地产税推出也需要时间一样。

有人就会问：为什么过去中国没有遗产税呢？因为中国是一个发展中国家，我们刚刚富裕起来，老一代还没有遗产，现在中国有了富裕人口，遗产税就会逐渐提上日程。

应该说，中国正在呼唤新的财税体制改革。改革的目标就是缩小地区差距，缩小贫富差距，缩小行业差距等。

税收是政府财政的手段，一是要养活公职人员，二是调节收入再分配，让富裕地区支援贫困地区，让富裕人口补贴贫困人口，才能让这个社会变得更和谐。然而，各国政府都面临一个棘手的问题，就是财政收入少、支出多，这就会出现财政赤字。

第8讲

财政赤字与国债

我们经常能听到“财政赤字”和“国债”这两个词，它们是什么意思呢？这和我们每个人的生活又有什么关系呢？

我们生活中需要公共物品，国家提供公共物品和公共服务需要钱，支出多了就会出现财政赤字，这个窟窿怎么补上呢？这就需要发行国债，发了国债后怎么还呢？用纳税人的钱去还。于是就和每个人都产生了关系。

第一个关键词：财政赤字

什么是财政赤字？就是财政的支出大于收入，赤字通常用红色来记录，因此叫财政赤字。相反，如果财政收入多而支出少，也会出现一个差额，那叫财政盈余。但是，在当今世界各国中，财政盈余的很少，绝大多数国家政府出现的都是财政赤字。

财政赤字怎么计算呢？财政支出减去财政收入，如果是负数，那就叫财政赤字。

国际上衡量财政赤字有两条警戒线标准：第一条警戒线标准是财政赤字占 GDP 比重不能超过 3%。如果超过了 3%，就会出现财政风险。

例如，我国 GDP 总量在 2001 年是 10 万亿元人民币，10 万亿元 GDP 的 3% 就是 3 000 亿元。如果我国赤字大于 3 000 亿，它就超出这个警戒线，我国在 2002 年财政赤字是 3 098 亿，超出了一点点。

2018 年，我国 GDP 总量是 90 万亿元人民币，3% 的财政赤字就是 2.7 万亿元。这就是警戒线，我国财政赤字最高不能超过 2.7 万亿元。

第二个警戒线标准是政府的财政赤字，不能超出财政总支出的 15%。这指的是政府的钱不够花时可以借债支出，但不能借债太多，超出财政总支出的 15% 就有风险。

为什么要设 3% 的赤字警戒线呢？超过 3% 会有什么问题吗？让我们来思考一下，财政出现赤字用什么来还呢？当然是用未来的经济增长来还。任何一个国家每年经济增长 3% 都很不容易，如果没有达到这个增长率，财政赤字这个窟窿就难以补上，经济就会出问题。

那么，如何弥补财政赤字呢？一般来讲，当一国财政出现赤字时有两种解决办法，一是透支，二是发行国债。

透支就是财政部在中央银行有一个账户，就像我们每个人在银行都有账户，只能取出自己存进银行的钱。如果钱不够，就需要找银行借钱，就等于账户里出现了“红字”，也就是负数，这叫透支。

政府的钱不够花怎么办呢？政府让中央银行往财政部的账户上打钱，让政府去花，这就叫财政的透支行为。

有人问，政府为什么这样做呢？这是迫不得已的，因为政府需要支出应该付的费用，在财政经费不足的情况下，它只能到中央银行取钱，这叫财政透支。

用透支方式解决财政赤字的办法不可轻易使用。“中央银行把钱给政府花，它给的是谁的钱？”我常常这样问学生。他们的回答是，“中央银行是动用储户的钱给了政府”。

我又问：“如果你把钱存进银行，银行把你的储蓄拿给政府花了，你去取钱时银行没钱给你行吗？”

一个学生回答道：“我认为，银行不能把我的钱拿走，我和银行有契约，我随时可以取出我的钱，如果财政拿走了，我去取钱时，银行没钱了，那银行就要对我负责。”

这是一个学生的回答，也代表了大多数人的想法。很多人认为，财政去找银行透支，银行把钱借给了政府，就相当于财政把储户的钱拿走花了。其实不是这样的，储户的钱没有被拿走，都在自己的账户里。

有人会说，既然这样就跟我没关系了，让政府先借着花吧。但问题是政府花了这笔钱后，用什么来还呢？最后，政府只能打开印钞机，用印钞来填补窟窿。

所以说，财政的透支行为是印钞问题，而不是取走储户存款的问题。所有储户放在银行里的钱都还在自己的名下，这是拿不走的。

但新的问题随之而来，打开印钞机就意味着通货膨胀要来了。

什么是通货膨胀？通货膨胀是指物价水平普遍而持续地上升，也就是百姓常说的：钱越来越不值钱了，我们口袋里的钱缩水了。

既然透支有这么大的弊端，说明这种透支行为不可取。那还有什么办法能解决财政赤字问题？有，那就是发行国债。

第二个关键词：国债

用发行国债来解决财政赤字，是目前世界各国政府通行的一种办法。

第一，发行国债有什么好处呢？人们拿着自己手中的钱购买国债，就意味着原计划储蓄的部分借给了政府。一般情况下，国债利息比银行存款利息高，这也是百姓乐于购买国债的原因。也就是说，你不花的钱政府借去花了，这样并不会增加货币总量，只是改变了存量分配。

第二，政府通过发行国债获得资金，用于基建投资，加大政府支出，拉动经济增长，从经济增长中获得更多税收，再用获得的税收来赎回国债，还上借的钱。这样，政府就不用多印钞票，也就不会造成通货膨胀。

第三，财政赤字对一国经济有什么影响呢？经济学家凯恩斯说，一国政府出现财政赤字，可以用发行国债来拉动经济。但我们说，作为一国政府不可以总是靠发行国债来拉动经济增长。需要考虑的是，政府用国债来拉动经济，投资的项目赚的钱能否还上这些借债？国债作为财政收入的一部分，它是需要还本付息的。如果这些投资不赚钱，政府还发行了很多国债，那将来怎么还呢？如果政府不能还上这些国债，雪球越滚越大，最后该怎么办呢？

第四，债务的负担由谁来承担？大家知道，国债是要还本付息的。最终是由纳税人来承担的，这一代人的税收不够还，下一代接着还。政府欠的债，只能靠增加生产，增加 GDP，增加财政收入来还。政府发行的国债，就是把未来的钱拿到今天来花。

国债分为内债和外债，还分为短期、中期和长期三种。我国政府在外债上发行是的长期国债，在内债上发行的是短期、中期和长期国债。

我国政府过去发行了 20 年或 30 年的长期国债，现在已进入还债期。政府现在发行的国债不仅仅要还当年财政赤字的部分，还要加上到期国债还本付息的部分，我国的国债已开始滚雪球。已经出现了借新债还旧债的情况，这使得国债的雪球越滚越大。

2002 年两会期间，有记者质疑我国政府为什么有这么多赤字，甚至把总理称为“赤字总理”。总理回答说：“我不要这个称号，请把它送回去吧。我上台这些年是发行了很多国债，但我给下任政府留下了2.5万亿元的优质资产。”这话是什么意思？我国虽然发行了国债，但这些资金用于基础设施建设，铺设高速公路，提供公共物品，还提供了许多准公共物品，这些都为今后中国经济的起飞做好了准备，这些优质资产是我国发债的结果。

这里要说明的是，发行国债的用途十分重要。发行国债一定不能用于经常性支出，而要用于建设性支出上。有些国家发行国债去给公务人员发工资，这样借的债就永远还不上了。因为经常性支出是给公务人员发工资，它不产生收益，也回不到政府手里，持续下去就会产生债务危机。

上述分析让我们知道，政府发行国债是为了弥补财政出现的赤字。我国政府尽管发了很多国债，但完全可以拍着胸脯说：当财政有赤字的时候，我国采用了发行国债的方式，而没有用透支的方式。

大家看，世界上有些国家在出现金融动荡、经济危机和债务危机时，这些国家的政府都在悄悄地印发钞票，悄悄地透支，最终造成恶性通货膨胀，把老百姓手中的钱变成政府口袋里的钱。而我国政府没有那么做，在这一点上，足以说明我国政府是一个非常负责任的政府。

第9讲

财政政策有哪些?

这一讲主要谈谈财政政策，看看一国政府是怎样通过财政手段来刺激经济或收缩经济的。

财政政策的种类

财政政策的种类，可以分为三种类型。

第一种是赤字性财政政策。赤字性财政政策指的是通过加大财政赤字来刺激经济。运用的条件是经济萧条时期，总供给大于总需求。储蓄大于投资，生产出来的产品卖不出去，价格下降。采取的措施是减税和扩大政府支出，以增加有效需求。所以说，赤字性的财政政策也叫积极的财政政策。

第二种是紧缩性财政政策。运用的条件是在通货膨胀时期，总需求大于总供给，投资大于储蓄，物价上涨、需求膨胀。采取的措施是加税和减少政府支出，以抑制总需求。

第三种是平衡性财政政策。就是说，财政对社会总供求的影响保持中性。当社会总供求矛盾不突出时使用效果才会明显。

有人问，我国现阶段采用的是怎样的财政政策呢？

如果经济冷了，各国采取的都是积极的财政政策，减税和扩大政府支出。这是从20世纪30年代美国总统罗斯福开始的。例如，在2008年金融危机爆发后，美国政府一直在减税和扩大政府支出。美国总统特朗普一上台就给个人减税，给企业减税，成效显著。

我国现在采取的是赤字性的财政政策，也叫积极的财政政策。

减税和扩大政府支出

政府刺激经济的第一招就是减税。交税是每个公民的义务。但当经济冷了，企业效益不好，缴了税后，企业负担很重，个人也减少了收入。

如果这时政府减税，让企业有钱可赚，企业就会加大投资，扩大生产，增加工人，扩大就业。给个人减税后，就会增加个人的可支配收入，收入多了，消费就会增加，经济就会活跃起来，企业加大生产，经济就能逐渐恢复。所以说，减税是对经济的刺激。这一招美国政府一直在使用。每一任总统上台，都要给国民减税，否则大家就不会选他当总统了。

第二招是扩大政府支出。当经济遇冷时，企业不愿意投入。因为投资到哪儿都没钱可赚，大家都不愿意消费。这时政府就会拿出钱来完善基础设施建设。比如，修路、架桥、铺设高铁及高速公路等等，政府用扩大支出的方式拉动经济增长。2008

年，我国政府拿出4万亿元投资就是用于大量的基础设施建设。

当然，政府减税对国民是好事，加大政府支出对国民也是好事，但减税和加大支出带来的结果往往是带来更大的赤字和更多的国债。

我们将政府对宏观经济的调控比喻为开车，当经济太热时政府需要“踩刹车”；当经济过冷时则需要“踩油门”。

减税和扩大政府支出就是“踩油门”，加税和减少政府支出就是“踩刹车”。

经济过热时政府怎么“踩刹车”呢？在财政政策上是减少支出，增加税收。1992年，我国经济热得不得了，出现开发区热、房地产热、股票热等。我国的2 000多个县市，涌现出了5 000多个开发区。

房地产热的时候，在广西北海市，陆地上的土地被炒光了，人们就造出一个岛，在海上继续炒。有人甚至头脑发热地说：“未来全世界前10大城市中，就有北海。”当时，海南的房地产炒得也是热浪翻滚。据统计，即使是海口、三亚的人口再增长一倍，也买不完那么多的房子。

1993年，我国政府发现经济问题控制不住了，通货膨胀率达21.7%，银行贷款、股市泡沫、金融风险所有的问题都暴露了出来。

从1993年起，我国政府对经济开始“踩刹车”。政府采取了加税的政策，减少人们消费，增加企业税收，减少企业利润，让经济冷下来。政府限制了集团购买力，控制了公款消费，停建了楼堂馆所，政府采取了一系列的措施，压缩总需求，让过热的经济冷下来。

大家看，1993 年我国的经济增长速度虽然高，但通货膨胀率更高，经济没有实质增长，只有价格在增长，人们收入水平的增长已被通货膨胀抵消了。如果不降温，经济就会出现硬着陆。于是，我国政府从 1993 年起对经济进行了大力整顿，直到 1997 年我国经济实现了“软着陆”。

我国的通货膨胀率从 21.7% 下降到了 6.1%，经济增长率达到了 9.7%。

但没想到的是，1997 年东南亚发生了金融危机，1998 年我国又赶上了百年未遇的特大洪灾，这使得我国经济急转直下。物价向下，利率向下，失业增多，所有指标都开始向下。

面对这种经济萧条的局面，政府该怎么办？经济过冷时政府会“踩油门”，“踩油门”就是减税或增加政府支出。

从 1998 年起，我国政府开始“踩油门”。想办法往经济领域里投钱，政府发行国债，借老百姓的钱去投资，力图拉动经济。

政府发行国债投资了一些基建项目和重大企业的技术改造，以此拉动经济。

这期间，我国政府发行了 6 000 多亿元的国债，修了路、架了桥、投资了西部十大工程项目等，这些举措都表示政府在给经济发展“踩油门”。

当我们说到财政政策时，常常会涉及乘数效应。什么叫乘数效应？乘数效应说的是政府进行投资，并不是投了 1 000 亿元就只是 1 000 亿元的经济规模，它还会带动相关的投资和配套资金，会产生乘数效应。

比如，路修好了，路边就会有人建加油站、开饭馆、酒店等。房地产商看好这儿的交通，就会投资修建商品房。同样，当这些钱投下去后，消费就会跟上来。每个环节都会创造价值，增加 GDP，增加税收，加上修好路，收回的过路费，只有政府财政收入增加了，才有能力还上借的国债。

所以，税收随着 GDP 总量的增加一直在增长，政府想办法刺激消费，给公务员连续涨工资，说明政府在增加开支、刺激消费、拉动经济。

后来，我国政府还提出“假日经济”的概念，为的是让国民在放长假中增加消费。

2008 年，由于国际金融危机，我国财政拿出 4 万亿元来刺激经济。2018 年，由于中美贸易摩擦，中国经济又一次遭遇寒冬，那我国的财政政策又出了什么招呢?

2019 年我国的财政政策

2019 年我国采取的是积极的财政政策，今年赤字率是 2.8%，财政赤字是 2.76 万亿元。最值得一提的是，政府今年减税降费近 2 万亿元。今年财政支出超过 23 万亿元，增长 6.5%。

我国财政这次动用的是减税和扩大支出这两招，以此来拉动经济。

过去那些年，我国政府一直都在扩大财政支出，不怎么敢用“减税”这一招。为什么呢？因为政府的钱本来就不够花，再减税政府的钱就更不够了。所以我国更多的是采用扩大政府支出，用赤字和发行国债来刺激经济。

而这一次，政府采用了减税的方式。

有记者问总理：“这次减税降费，企业真能得到实惠吗？政府的财政能不能持续呢？”总理回答道：“这次减税降费，就是一竿子插到底，直达市场主体。”

言外之意是企业一定能得到实惠。

我国财政主要解决的问题

应该说，我国政府的财政主要解决的是民生问题、失业问题、养老问题、教育问题等，重要的是通过税收杠杆来解决收入的再分配，让穷人有饭吃。

2019 年的政府工作报告中谈了今年的预期目标：一是就业问题，新增就业 1 100 万人以上；二是脱贫问题，农村贫困人口减少 1 000 万以上；三是收入问题，居民收入增长与经济增长基本同步；四是教育问题，目前国家财政教育经费占 GDP 的 4% 以上，也就是说，我国政府每年有 3.6 万亿元拿来办教育。中央财政教育支出的安排超过 1 万亿元。办好教育，就是中国明天的希望。

讲完财政，接下来我们要讲讲货币了。

货币是怎么产生的，它具有哪些职能？

货币理论

货币是怎么产生的？这是一个古老的话题，从贝壳到石头“斐”再到纸币、汇票的出现，最终产生了银行。银行是在信用的基础上产生的，因此，现代社会经济是一环接一环扣在银行身上加速运行的。中央银行和一国的货币政策影响了经济的冷与热，影响了货币的多与少，这和每个人的生活都息息相关。

第10讲

货币的产生

货币是什么？有人说，货币不就是钱吗？钱又是什么？钱不是一张纸吗？那一张纸为什么可以当钱来花呢？货币源于交换，交换又是怎么出现的呢？

以物易物的交换

很久以前，社会就有了猎人和农民的分工，也有了牧民和渔民的分工。农民种植小麦和大米，牧民饲养山养和绵羊，还有一部分人从事狩猎。有一天，猎人们带回了一件东西，这是他们从来都没有见过的一个物品：形状又高又鼓，从远处看，它好像是用沙土堆成的，到近处一摸，又像石头一样坚硬。它的表面还绘有艺术花纹，这看起来像是一个陶瓷罐。

这个罐子是猎人们在一个村庄的边上找到的，那里距离这儿大约需要七天的路程，它是在一大片海水的岸边被发现的。

很长时间以来，海边就来了一批陌生人，他们掌握了一种神秘的手艺。人类部落迄今为止，除了动物的头骨和木头碗之外，还没见过其他容器。现在，他们有了这个罐子，很快就发现了它有许多用途：可以用它来运输饮用水，可以收集羊奶，还可以储藏物品。这个东西真是太好了！猎人们就想，怎么才能得到更多的罐子呢？那些陌生人看起来很凶，没有人敢靠近他们。

这时，一位巫师有了灵感。他说："我们可以送给陌生人一些东西。或许他们会作为回礼送给我们一些罐子。"

酋长有些疑虑："我们能送给他们什么东西呢？而且你怎么知道，他们愿意要我们的东西呢？"

巫师说："我们可以送给他们一些我们富余的东西，比如那些山羊皮和绵羊皮。他们会接受我们的礼物，因为那边的草场都很差，他们没有穿的东西。"

于是，这个部落就派出五名勇敢的猎人，每人肩上都背了一捆山羊皮。七天之后他们来到了海边。他们在小森林等待着，直到天黑下来，他们才把羊皮放到距离陌生人村庄不远的一块岩石上，并用一些石块把羊皮压住。第二天，他们到岩石那里去看看，羊皮还在。第三天，他们发现了变化：大约一半的羊皮不见了，岩石上堆放了很多他们从未见过的红色的鱼。

见到这些鱼他们很害怕。这些鱼怎么长得和他们在小溪里的鱼不一样呢？这鱼能吃吗？这会不会是一个陷阱？他们没敢动这鱼，还在继续等待。

第四天早上，他们终于有了收获：岩石上的鱼不见了，剩下的羊皮也全不见了。只见岩石上摆了两只陶罐和三个碗，这正是他们需要的东西。他们真是喜出望外，于是兴高采烈地把这些东西带回了村庄。

就这样，送礼和还礼做成了第一笔交易。这笔交易成功后，这个部落的男人们就经常把他们剩余的羊皮送往海边的岩石上。时间长了，他们也敢和陌生人见面和讨价还价了。

这就是远古时期人们以物易物的直接交换方式。

货币的出现

如果交换双方总能得到他们所要的东西，那交易活动就很简单了。在两个部族之间进行的交换就是如此，他们用羊皮来换取陶罐。但是，如果有 100 个商人，需要交换 100 种不同的物品，每个人怎样才能得到他正好需要的东西呢?

结果，商人们不再交换物品，而是交换一种特定物品，这个物品就是我们今天称为“钱”的东西。钱对所有物品都是通用的。

然而在不同时代，当作钱的物品是不一样的。在非洲的某些地区，人们的财富用牛的数目来表示；在南海，人们把贝壳当作钱来使用；在东欧，人们用皮革；在中国，人们用写着汉字的纸条。后来人们用的就是金币和银币。金银作为货币的历史十分悠久，在金币、银币之后才产生了纸币。

“斐”石头作为货币

到 19 世纪，世界上许多地方已经开始使用金属货币，而且有些国家使用的是纸币。但是，在太平洋卡罗莱群岛中，有一个小岛叫雅普岛。那里的居民既不用金银做货币，也不用纸币做货币，他们把开采出来的石头当作货币来用。

这种石头货币被当地人称为“斐”，它是从雅普岛以南 400 英里[①]的另外一个岛上开采出来的。这里的“斐”就代表货币。

在这个岛上，石块的大小决定石头的价值，石头越大，价值也就越大。当地的岛民要冒着巨大的风险从海外的岛上开采大量的石头。但用石头作为交换货币太不方便，谁都搬不动。所以，岛上的居民在做交易时，并不搬动石头，只是由石头的主人做一个口头声明，告诉大家这块石头易主就行了。

据说，曾经有人开采出一块大石头，在运输过程中掉进海里，可岛上的人都认可海里这块石头的价值。它依然可以作为货币进行交换。

1898 年，那里一切都发生了变化。德国政府从西班牙手中夺下了卡罗莱群岛，并计划改造雅普岛上的道路。没想到，岛上的全体居民纷纷抵抗。当地居民不愿意修路这件事令德国政府百思不解。

原来，这里居民的全部财富都是那些分布在岛上的“斐”

---

① 1 英里 ≈1.61 千米。——编者注

石头。一天夜晚，德国政府派了一个人，用黑色的颜料把岛上所有的“斐”石头都画上一个黑色小十字，并宣布所有带黑色小十字的石头不再是货币了，一夜之间石头没有了任何价值。

岛上的居民听到“斐”石头的钱都不复存在，他们也失去了全部财富，岛上居民痛心疾首。不得已，他们只能服从德国人的统治，老老实实地修路。当他们顺利地完成了修路任务后，德国政府又派了一个人将所有的“斐”石头上的黑色小十字都洗刷干净，接着宣布岛上居民的财富得以恢复，“斐”石头还是“钱”。听到这个消息时，岛上的居民对他们重新获得财富欣喜万分。据记载，这种“斐”石头作为货币一直使用到第二次世界大战后。

由此可以说明，货币就是一种信用。

货币的职能

货币具备四种职能。

货币的第一个职能是交换媒介。我们每个人身上或多或少都要带些钱，用来购买商品和服务。货币就是交换的媒介，没有它，我们每天的交换几乎都无法完成。

货币的第二个职能是价值贮藏。就是说，一种货币在一定时期内必须能够保值。否则人们将不再需要这种货币，宁愿把它换成商品或其他国家的足值货币。

如果大家手里有钱，会让它以什么方式存在，才能让这些钱保值或增值？如果货币可以自由兑换，你是愿意要人民币还是愿意换成美元，或者换成欧元呢？这时，大家会考虑拿着哪种货币更保险、更足值。因此，作为货币必须具有价值贮藏的职能。

货币的第三个职能是计量单位，也叫价值尺度。我们到商场买东西，不同的商品有不同的价格，相同商品在不同的商店价格也不同。例如，一台笔记本电脑如果放在专卖店里卖，价格可能会贵一些；如果在大型商场里卖，价格可能会便宜一些。我们用什么来表现这不同的价格呢？用的是货币。就是说，货币是一种计量的单位，如果没有货币，商品和服务的价值就没有办法去比较。

货币的第四个职能是延期支付。你今天买了东西，以后再付钱的这种行为就叫延期支付。假定你经营一家企业，可供货的原材料厂商很多，选择的主动权就在你手上。这时你可以告诉供应商："你先把东西放这儿，两个月后我再付钱给你。"

为什么可以这样呢？因为你的产品送到商场，商场要把你的东西卖出去才给你钱，你才能把欠原材料厂商的货款还上。这是一种商业信用行为，在我们的经济生活中比比皆是。之所以能够相互赊欠，就是因为货币具有延期支付的职能。

概括起来，只有同时具有这四种职能的物品才是货币，缺少任何一种职能都不叫货币。

表面上看，这是一些理论知识，但货币的每一种职能都在告诉大家理财的思路：怎样使你手中的钱保值、变得更值钱，甚至还能赚到更多的钱，这是一门不小的学问。

由于货币具有延期支付的职能，于是人类出现了银行。银行创造了更大的信用。大家都以为货币是印钞厂印的，却不知道货币供给是由银行创造的。

那么，银行是怎样创造货币供给的呢？

我们手上的钱是怎么越来越多的呢？

第 11 讲

银行如何创造货币？

上一讲我们谈了货币的产生，因为货币具有延期支付的职能，人们之间就有了信用，接着就出现了赊欠行为。但并不是每个人都遵守承诺，很多人不守信用，到期不付钱，这样一来，商家就损失了。

这时银行出现了，银行说，商家之间不必相互赊账。谁想借钱就来找我，我负责借钱，负责追债，银行会让所有人都遵守信用制度。就这样，银行成了买卖双方的信用中介。

大家存钱到银行，借钱也到银行。银行是靠赚存款和贷款的差价来生存的。银行业就这样发展起来了。银行出现后，在更大的基础上创造了信用，使人类社会的发展加快了脚步。

银行又是如何创造货币供给的呢？

法定准备金

当一个储户把钱存进银行时，银行不能把这些钱全都贷出去。为什么呢？这是为了保证储户取钱时有钱，各个银行都要有一部分准备金。这是银行间约定俗成的事。

很多保守的银行都有准备金，但冒险的银行家就想了，我还是贷出的款越多越好，多贷款就可以多赚钱，哪会有那么多人同时来提款呢？

正是由于有这种冒险银行家的存在，导致一家银行没有足够的钱支付储户的取款，导致所有的储户都产生恐慌，全跑到银行去取钱，就会出现挤兑现象，最终导致银行倒闭。

为了杜绝这种情况发生，各国中央银行都规定了一个法定准备金率。商业银行不能把储户的存款都贷出去，必须留下一部分钱作为准备金，强制性地存到中央银行，如果储户来提款，银行要有钱支付给他们。

银行到底该留有多少准备金呢？它只能留一部分，不可能把存款全部作为准备金，否则银行还怎么赚钱呢？银行就是靠存款和贷款之间的利息差来生存的。不同国家的央行规定的法定准备金率是不同的，即使同一个国家，在不同时期的规定也不同。

例如，央行规定法定准备金率是10%，储户存了100元，商业银行要把10元存到中央银行，如果准备金率是20%，商业银行就要存20元到中央银行，这就是法定准备金。

我国的商业银行也要上交法定准备金。当储户到银行取钱时，银行一定得有钱给他，如果这家银行没有钱，它可以去中央银行或找其他银行拆借，无论如何银行都要把钱支付给储户，这是银行的信用。

商业银行为什么能找中央银行去借钱呢？因为它在中央银行存放了法定准备金。这时，又产生了一个新问题。就是说，现代社会的货币供给是由银行创造的。

有人会问，我们手中的钱难道不是印钞厂印出来的吗？银行怎么能创造货币供给呢？

银行创造货币的过程

假定，我国的法定准备金率是20%，一个储户手里有1 000元钱，他把这笔钱存入了中国工商银行（简称工行），工行必须把200元留下交给中央银行（我国的中央银行是指中国人民银行），工行只能贷出800元。

此时，有人正好去工行借800元，他要买一台吸尘器。到了商场，他把钱交给柜台，商场又把这800元存入自己的开户行——中国农业银行（简称农行）。

当农行收到这笔钱时，这800元钱它也不能都贷出去，必须把160元上交中央银行，只能贷出640元。这时正好有人想买个榨汁机，就去农行借钱，当他借到640元后，到一家超市买了榨汁机，把640元钱交到收款台，这家超市又把这640元存入自己开户行——中国建设银行（简称建行）。

建行接到这笔钱后，要把20%的法定准备金交到中央银行，它只能贷出512元。如此下去，储户的这1 000元存款通过银行系统不断的存贷而被放大，最后变成多少钱了呢？

我们看，账面上银行新增存款是 5 000 元，新增贷款是 4 000 元，货币总量增加了 5 000 元，法定准备金是 1 000 元。

通过上述这个例子我们就可以知道，钱是怎么从银行创造出来的。

然而，中央银行并没有多印一张钞票，钱怎么就多出这么多呢？这是银行通过信用活动创造出来的。

所以说，银行具有创造货币供给的功能。

大家看到，最初的 1 000 元是储户存进去的。然后每发生一次存款行为，银行都要把法定准备金交给中央银行，如此下去。初始的这 1 000 元放进银行时，并没增加货币总量，只是这个储户的 1 000 元现金变成了 1 000 元的活期存款。但后来银行存款的总量陆续增加到 5 000 元。

有人会问，这个储户原来的那 1 000 元钱到哪儿去了？仔细想一想，原来他的 1 000 元钱都进入了中央银行，成为了法定准备金。

这个过程又说明了什么？它创造出了多少货币？

货币供给增加了 4 000 元，货币总量增加到原始资金量的 5 倍。

如果法定准备金率是 10%，那么，初始的 1 000 元就会增加到原始资金量的 10 倍，最终变成 1 万元；如果法定准备金是 5%，那么，初始的 1 000 元就会增加到原始资金量的 20 倍，最终变成 2 万元。

因此，我们说现代社会流动的资金是在银行创造的，银行通过信用创造货币。所以，这些货币叫信用货币。

我们日常用的钞票确实是印钞厂印出来的，但作为全社会的货币供给，却是银行通过信用活动创造出来的。

货币乘数

什么叫货币乘数？准备金率变化和存款最后变化之间的关系就叫货币乘数。

我们用公式表示：

$$\text{理论上的货币乘数} = \frac{1}{\text{法定准备金率}}$$

也就是说，银行创造的货币与法定准备金率成反比。银行创造货币能力的大小，取决于准备金率的高与低。准备金率越高，货币乘数就越小，准备金率越低，货币的乘数就越大。

这就引申出另一个概念：通货外流。通货外流是指现实中并不是所有的银行放出去的贷款都能以准备金的形式再回到银行。某些贷款从银行体系中漏出去了，就叫通货外流。

比如，你今天到超市买东西，但超市没有把你的这笔钱存入银行，而是留下用于明天的进货。这笔钱进入了流通领域，它就不能创造货币供给增加。

由于通货外流，使现实中的货币乘数小于理论上的货币乘数。只有通过银行信贷活动创造的新存款，才能增加现有货币量。当人们把钱存进银行时，经济就开始加速了。

人们把钱存进银行，银行把钱贷给他人，他人再放进银行，银行接着再贷出去。就这样，一笔钱一直存贷下去，货币供给量就会成倍增加，经济规模和增长速度也会成倍放大。这就是乘数效应。

这些听起来像是在玩一个数字游戏。但大家仔细想一下，当我们去银行取钱时，银行应该有钱，我们每个人都能取出来。是的，这并不是纯粹数字的虚增，因为在每一个环节上都有新的财富创造出来。

让我们来思考一下，到银行存钱的人，他是从哪里得到这笔钱呢？

因为他销售了产品，为别人提供了服务，获得了报酬；而那些从银行借钱的人，他也要通过自己的经营活动获得利润，才能把借银行的这笔钱还上。因此，我们说，这里的每一个环节都在创造财富，也都在增加财富。银行通过信用创造的货币供给是真实存在的。

由此，银行的信誉越好，它创造货币供给的能力就越大。一国的法定准备金率越低，银行创造的货币供给就越多。这就像货币的水龙头，法定准备金率降低时，水就会流出来；法定准备金率提高时，资金之水就会被抽走。

明白了这一点，我们就能知道为什么央行调整法定准备金率，能发挥出强大的调控经济作用。同时大家还会明白，现代社会经济是一环接一环扣在银行身上加速运行的。

如果有一天，大家都不到银行存钱，或者都把钱从银行取出来藏在家中床下保管，那么整个经济链条会逐渐断开。

所以，在微观上行得通的事情，在宏观上也许会是一场灾难。最后的结果可能是连你藏在床下的钱也不值钱了。因为那时的经济可能早已瘫痪，物价飞涨。

这些都是因为，现代社会的货币是在银行的存贷过程中创造出来的。信用一旦崩溃，就像电路跳闸一样，整个经济生活就会陷入一片黑暗。

我们会发现，当经济活跃时，钱怎么那么多，铺天盖地涌出来；当经济冷却时，到哪儿都找不到钱，这些都跟银行的信用活动有关。明白了这个道理，你就知道面对经济的冷与热时，我们该怎么办了。

但是，当所有的银行都缺少准备金时，银行就会面临恐慌，有些银行甚至会破产。

那么，信用为什么重要？

它又为何是经济运行的基石呢？

第12讲
信用是经济运行的基石

银行是在信用的基础上产生的。没有信用，谁还敢把钱存进银行？没有人存钱，银行拿什么放款呢？尤其是在现代社会，银行在更大的基础上创造了信用，它在不断创造着货币供给。现代银行对我们每个家庭、每个企业、每个城市乃至每个国家而言都充当着出纳的角色。它已经成为我们经济生活的神经中枢。

这一讲我们就来谈谈信用的重要性，它是经济运行的基石。

银行的发展演变过程

第一，银行名称的由来。谈到银行，早在哥伦布发现美洲之前，货币业务就在欧洲缓慢发展起来。最初的借贷者就是兑换货币的人，他们在意大利的集市上，摆着长凳子进行钱币的兑换业务，所以人们把他们称为长凳贩。长凳贩的顾客如果觉得自己受了骗，就把长凳打碎，被打碎的长凳在意大利文中就叫“破产”。后来，人们就把“长凳”（Bank）这个词变成银行的称呼。因此，银行的名字是从“长凳”而来的。

第二，汇兑业务是银行雏形的出现。意大利的银行家在中世纪末期继承了阿拉伯商人的一项发明：汇兑。汇兑这项业务是这样进行的：一个商人在威尼斯交给兑币人一笔钱，假设为100元。兑币人向商人提供一项支付承诺，就是汇票。商人拿着这张汇票，可以在另外一个城市，比如热那亚的银行家那里结算，取得他做生意所需要的热那亚货币。

然而，这种汇兑手段很快就有了进一步的发展：商人不需要事先交一笔钱，而是先得到一份在诚信基础上的汇兑凭证。让商人先得到一笔信贷，有了这笔钱，这个商人就有可能做成一笔生意。这个许诺和金钱有同等的价值。信用实际上就等于金钱。这是银行的雏形，靠一个人的信用贷款给他做生意。之后这个人还钱给银行，还需要支付银行利息。

威尼斯商人就是用这种方式进行长途商务航海旅行的，然后用盈利来偿还兑币人的信贷。而且，这种汇兑不需要本人去结算，商人也可以把这张汇票转让给另一个业务伙伴。这样一来，这种汇票就变成了一种支付手段。

汇票的出现，使本来无法进行的交易成为可能，这种中世纪晚期出现的汇票，就是发展到今天的各种复杂金融工具的开始。这种汇兑人的角色慢慢地发展成了银行。这就是银行的由来。

第三，私人借钱给国王，发展到现代意义上的银行。我们说，自从哥伦布发现了新大陆之后，西班牙从美洲运回了大量黄金，西班牙开始富裕起来。虽然西班牙这个国家有钱了，但西班牙却没有生产足够的商品可供大家购买和消费。供不应求造成物价上涨。富人们越来越多地把钱花到了国外。来自西班牙的钱，使整个欧洲经济有了很大的发展。欧洲经济开始活跃起来。

钱多了，国王和那些富裕的市民就对豪华生活产生了兴趣。他们修了很多金碧辉煌的宫殿和豪华别墅。那些君王也可以拿出更多的钱来支付战争的开销，他们希望通过战争来掠夺更多的殖民地。

可战争是一项充满风险的事，它可能胜利也可能失败。国王要借债去打仗，就要支付债权人利息，必要时需要抵押一部分国家财产。一旦国王无法还债，那么债权人就可以得到土地或者其他种种权利。债权人开始想得很好。可是，那些借钱给国王的商人不得不痛苦地看到，国王一向喜欢超额支出；借给他们钱的债权人总是吃亏。因为国王借了钱可以不还，商人们也拿国王没有办法，如果国王挥霍无度，打仗失败了，银行家很可能会跟着破产。

于是，在银行家和国家之间就出现了一种紧张关系：它们相互需要，又相互不信任。这样银行业发展就遇到了一个巨大的障碍。没处借钱经济不能发展，但借了钱不还，家族式的银行又无法生存下去。

第四，荷兰出现了现代意义的银行，就是国家置身银行之外。在荷兰，人们找到了解决问题的方法：国家把自己置于东印度公司的业务之外，国家只是用它的士兵来保护公司的发展。由于国家置身于经济之外，这样银行业就得到了发展，由此产生了现代意义上的银行。

所谓现代意义的银行是指股份制银行，是由私人投资组成的，它不再受国王的摆布，银行宁愿把钱借给私人也不愿借给政府，这是银行形成过程中的一种巨大的变化。

在阿姆斯特丹银行，当时的主要业务是办理转账，商人们把货币拿到银行，换取代表钱币价值的银行票据。商人对阿姆斯特丹银行非常信任，人们有时会拿这家银行的票据去付费，而不用金属货币，阿姆斯特丹银行控制着荷兰大部分的钱，但这些钱的主人却非常放心。

银行是信用的产物

银行既是信用的产物，也是信心的象征。只要大家信心在，银行就不会垮。这里需要强调的是，公众持有货币是一种信心，把钱放到银行里更是一种信心，只要公众的信心在，就不会发生恐慌，银行就可以运转下去。

只要一直有人存钱，银行就不会出问题。国际上那些几百年老字号的银行都是靠着信誉维持到今天的。无论存款人还是贷款人都相信这家银行，那这家银行就永远可以正常运转下去。

但如果有一天，一个人去一家银行取钱，银行没钱支付给他，那么银行有可能因为对这一个储户失去信用，而遭受灭顶之灾。一旦信用的缺口打开了，会有越来越多的人不信任这家银行，人们开始涌入银行去提款。储户是有权随时提取存款的，但银行贷出去的钱却不可能随时收回。

因此，从理论上讲，再好的银行也难以承受挤兑。当一个国家经济萧条，银行发生挤兑时，就可能一圈一圈地迅速恶性扩散。如果政府不进行抢救，就会引发通货膨胀，经济进入恶性循环，甚至导致政府破产。

20 世纪 30 年代的美国就是这样。从 1929 年开始，有 9 000 多家银行倒闭破产，出现了大量挤兑现象，美国乃至全球经济陷入长时间的大萧条。

美国在 1933 年采取了联邦存款保险制度，要求所有银行都得上保险。政府不允许储户去取钱时银行没有钱支付。因为银行倒闭，储户利益就会受到损失。

信用的丧失，使英国巴林银行倒闭

英国巴林银行是全球最古老的银行之一，它曾经是英国贵族最为信赖的一家银行，连英国女王都是它的客户。它有两百多年的经营历史，却没有逃过破产的结局。令人震惊的是，造成这个结局的竟是银行里一名证券交易人员，这个人叫尼克·里森。

尼克·里森在 1989 年加入巴林银行，1992 年被派往新加坡，成为巴林银行驻新加坡总经理，他在新加坡从事期货交易。期货交易员难免会在交易中犯一些错误，因此他们一般都会开设一个特殊账户，用以暂时存放那些错误的交易，等待合适的行情出现时再挽回损失。

没想到的是，特殊账户在尼克·里森的手中改变了用途，他把失败的交易记录混入其中，用以掩盖损失。没想到掩盖的损失越来越多，越来越大，竟到了无法收拾的境地。

尼克·里森利用欺骗的手段，使巴林银行蒙受了8.6亿英镑的巨额亏损，最终巴林银行崩溃倒闭。

1995年2月23日傍晚，已赔光了整个巴林银行的尼克·里森踏上了逃亡之旅。但逃亡生涯仅仅持续了四天，尼克·里森就在德国法兰克福机场被捕。

英国巴林银行倒闭事件，说明在现代金融市场上有一些金融风险很容易被放大，因为交易手段太先进，交易金额过大。

现代金融运作的特点表现为，在发展的时候非常快，因为制度先进、交易手段先进，因此效率极高，经济规模能迅速膨胀；但当经济出现问题时，其表现却是更为迅速地衰亡。

进入20世纪80年代以后，银行的破产率又开始上升。特别是日本，在1989年经济泡沫破灭之后，银行出现了大量的呆账和坏账问题。至今，日本的银行问题都没能彻底解决。

俄罗斯在1998年出现了债务市场的危机。当时，俄罗斯政府允许私人开银行，只需要很少的钱就可以注册一家银行。很多人都抢着去开银行，为了争取储户的存款，银行的存款利率越升越高，直至1 800%。如此高的存款利息，最后导致多家银行破产。因为这些银行并没有好的赢利项目，怎么能还上储户的高额利息呢？

银行破产首先打消的是人们对银行的信心，当人们对银行的信心消失时，银行就会倒下。当人们都去抛出货币，这个国家的货币就会贬值，通货膨胀就会来临。

那么，谁能让商业银行遵守信用呢？是中央银行。

美国中央银行又是怎么诞生的呢？

第 13 讲

美国中央银行的诞生

大家有没有想过，银行接受了那么多存款，又放出大量贷款，万一这些贷款收不回来怎么办？当我们存在银行的钱取不出来时，谁该对它负责任呢？如果手中的货币贬值了，该找谁去补偿损失呢？万一商业银行出现了问题，谁来救它们呢？

美国在 20 世纪初还没有中央银行，那时美国的银行经常出现支付危机，挤兑现象时有发生。美国在没有中央银行时，银行出了问题，政府财政出了问题，是靠谁解决的？

在 19 世纪末 20 世纪初，美国一位叫 JP. 摩根的人扮演了中央银行的角色。摩根于 1837 年出生，他的父亲是个银行家，结识了很多富有的欧洲银行家。摩根高中时喜欢历史，他最崇拜拿破仑，决心要像拿破仑一样优秀。17 岁的摩根进入德国的哥廷根大学，极高的数学天赋使他在毕业后顺利得到纽约一家银行的工作机会。他从会计职员干起，他的计算速度像闪电一样快。

摩根小试牛刀

1860 年，摩根到美国南方城市新奥尔良出差。一个陌生人敲开他的舱门问道：“先生，听说您是专搞商品批发的，是吗？”

摩根问：“有何贵干？”摩根感受到了对方焦灼的心情。

“先生，我有一件事有求于您。我这有一船咖啡需要立刻处理掉。这些咖啡原来是一个咖啡商的，现在他破产了，无法支付我的运费，他就把这船咖啡做了抵押。我只是一个船长，不懂这方面的业务，您是否可以买下这船咖啡，价格低廉，只是别人价格的一半。”

“你是很着急吗？”摩根问道。

“是很着急，否则这么好的咖啡怎么能卖这么便宜呢？”说着，那人拿出了咖啡样品。

摩根看了一眼样品，答道：“好了，我都买下。”他的同伴站在一旁提醒道：“摩根先生，你太年轻了，谁能保证这船咖啡的质量都和样品一样呢？”

“我知道，但应该不会上当的，别让这批咖啡落到别人手上。”摩根相信自己的眼光。

摩根的上司知道了这件事，吓出一身冷汗，他对摩根大声吼道：“去，你马上把这笔交易给我退掉，如果损失了，你自己赔偿！”

摩根决心一赌，他马上写信给父亲，请求父亲助他一臂之力。他从父亲那里借到了钱，还上公司的咖啡款。没想到，就在摩根买下这船咖啡不久，巴西的咖啡遭到了严重的霜灾，咖啡大幅度减产，这使得咖啡的价格上涨了两三倍。就这样，摩根大赚了一笔。

通过这次小试牛刀，摩根认识到自己的潜力。

1861 年，摩根离开了这家银行，他决定去商界大展宏图。当时欧洲的经济比较好，而美国正在进行南北战争，美国政府非常需要钱。

摩根的实力得到认可

1879 年，一个机会来了。美国纽约中央铁路公司要卖掉 25 万股票，因为铁路公司急需现金。摩根接受了这个挑战。他说："我可以帮助你们卖掉股票，如果成功了，我要做你们公司的董事。"当时铁路公司非常着急，不假思索地答应了他的条件，没想到，摩根真的把 25 万股票都卖了出去，摩根也顺利成为铁路公司的董事。一时间，摩根声名大噪，成了华尔街的名人。

大家可以看到，摩根要的不是现金，他要的是无形资产。

紧接着发生的一个重大事件使摩根的名气更大了。在 19 世纪末，美国正处于工业革命时期，铁路公司之间的竞争十分激烈。有两家最大的铁路公司展开竞争：一家是宾西法尼亚铁路公司，另一家是纽约中央铁路公司。这两大铁路公司进行了激烈而残酷的竞争，导致经济即将面临一场严重的灾难。这时人们想到了摩根，想请他出面调停。

摩根就把这两家公司的总裁邀请到他的游艇上会面。炎热的7月，摩根邀请他们上船后，让这两个人在船上整整待了一天，游艇就一直沿着河流行驶。两位公司总裁一开始不同意摩根的建议，争吵激烈。而摩根就坐在那儿，抽着雪茄，一声不吭。两位总裁经过一天的争论，在游艇快要靠岸时，终于握手言和，同意互不侵占对方的地盘，签下了著名的"考沙尔协议"。

调停两大铁路公司的争端，再一次让人们看到了摩根的实力。摩根以自己的实力成为业界大亨，他以后做的每一件事都要求对方，"我帮你做了这件事，你要把你公司的股份分给我"。所以美国就出现了"摩根化"和"再摩根化"。他也因此成了许多大公司的董事或董事长。

1893年，美国股市崩塌。美国经济也进入萧条期，铁路公司面临破产，形成多米诺骨牌效应。而当时的摩根已经非常有权势，他快速重组了这些公司，并拿到这些公司财务的控制权。

摩根越做越大。

摩根解决美国政府的财政问题

19世纪90年代初期，美国存在很大的财政赤字，大量黄金流向海外。从1890年到1894年，忐忑不安的债权人抛售了价值3亿美元的美国证券，将黄金运到国外。美国当时实行的是金本位制，金本位指的是用美元可以直接兑换黄金的制度。当时的美国人不相信美元纸钞，只相信黄金。

1893 年年底，财政部的黄金储备价值由 1 亿美元下降到不足 6 000 万美元。无论政府采取什么措施，都不能保持住政府的黄金储备。国际上又掀起了挤兑美国财政部存款的浪潮。

1895 年 1 月 31 日，美国的黄金储备跌至 4 500 万美元，美国人都为之震惊。紧接着，欧洲人大量抛出美国股票，股票价格一落千丈。到 2 月初，美国财政部每天的流失黄金已超过 200 万美元。照这个速度，美国政府将在 3 周后停止黄金支出，并将拖欠国债的偿还。如果外债还不上了，联邦政府很可能面临破产。

摩根知道这个消息后，火速赶往白宫。摩根对总统说："美国财政部还有 1 000 万没有兑现的汇票，而国库里只有 980 万美元的黄金储备了。如果不能兑现这些汇票，政府无力支付，拖欠债务，那美国政府真的要面临破产。总统阁下，您已经没有时间等待国会的讨论了，您必须采取措施。"

总统问："摩根先生，您有什么建议吗？"

摩根说："按照 1862 年的法律，财政部应该拥有购买黄金的权利。"

总统派人查阅后，果然有此条款。

总统问："那谁能借到黄金呢？"

摩根说："我可以从欧洲银行借到黄金。"

总统又问："摩根先生，谁能保证这些新黄金不会被立即运往国外呢？"

摩根立刻答到："我能。"

这次会面一共持续了 4 个半小时。结果正如摩根预料的那样，他从欧洲银行借到了黄金，黄金逐渐流回财政部，这场危机解决了。6月底，美国财政部的黄金储备恢复到1亿多美元。

这件事使美国政府和公众更深刻地认识到摩根的能量。

摩根早在2月时就坚信，只要一半的黄金能从海外运来，公众的信心就能够恢复。幸运的是，每个人都认为黄金正在从欧洲转移到美国的路上，这就可以使公众恢复平和的心态。可见，在金融市场上，信心就像黄金一样有效。

摩根解救托拉斯危机

1907年，美国经济出现了新问题，大公司一个接一个倒闭。西奥多·罗斯福总统命人赶快去请摩根，让他出面请求银行家们合作。摩根立刻把所有的银行家请到自家的私人图书馆里，让他们商量对策。然后他出去并把门锁上，他在另一间房子里玩单人纸牌。边洗牌边等待着谈话结果。

这些银行家彻夜长谈，研究怎样才能解救这场危机。我们知道，当企业要倒闭时，没有哪一家银行敢贷款给它。越是没有资金注入，企业倒闭得越快。如果银行都见死不救，经济就会出现连锁反应，整个经济链条就会逐一崩塌。这些银行家争来争去，有人说出500万美元，有人说出1 000万美元。

天快亮时，摩根推门进去说："这是合约，这是笔，大家签字吧！"他拿出早已起草好的合约让银行家们签字。筋疲力尽的银行家们终于在合约上签了字，同意每家出资2 500万美元解救这场危机。

几天后，美国经济开始逐渐恢复。

摩根去世，美联储成立

1913 年 3 月 31 日，摩根在埃及罗马去世。他给儿子留下了 20 亿美元的资产，这才有了后来美国的摩根财团。为了纪念他，纽约证券交易所特意停牌一个上午。这是前所未有的先例。

摩根去世后，人们就问，以后美国经济出现问题该怎么办？

于是，1913 年 12 月 23 日，美国国会通过了《联邦储备法》；1914 年，美国中央银行也就是美国联邦储备体系建立，并简称美联储。

现代中央银行的鼻祖是英格兰银行，它建于 1694 年，但中央银行作为一种普遍制度是从 1920 年开始的。布鲁塞尔国际经济会议做出决定，凡是没有成立中央银行的国家应尽快成立，以稳定国际金融秩序，消除混乱局面。

在美国出现中央银行之前，摩根一个人起到了中央银行的作用。联邦政府财政出了问题，找他出面解决；大公司出现问题，找他出面调停；银行出现问题，也请他出面解决。但一个国家的财政和金融问题也仅靠一个人来解决，这也未免太脆弱了。于是，美国诞生了中央银行。

中央银行成立后，它该做些什么事情呢？它具有哪些职能呢？

第 14 讲

中央银行的作用

美国在没有中央银行之前，摩根一个人充当了中央银行的角色。摩根去世后，美国在 1914 年成立了中央银行，就是美国联邦储备委员会。

中央银行成立后，它该做些什么事情呢？它要管理所有的商业银行，不能让商业银行随便出问题。中央银行在经济生活中要解决两个问题：第一，它要保护储户的利益；第二，它要保持健康的融资渠道。

中央银行的性质

中央银行是一国银行体系的总枢纽，由政府赋予许多特权，通常具有官方地位，它是政府管理商业银行的机构。中央银行不以营利为目的，不直接经营商业银行的业务，而是代表政府管理整个银行系统。它的责任是制定货币政策，保证币值稳定。

为什么中央银行不能经营存贷业务呢？因为它代表一国政府来管理商业银行，如果央行也经营存贷业务，那所有人都会选择这条最安全的途径——把钱都存入中央银行。这样一来，其他商业银行就无法生存了。

所以，中央银行不经营存贷业务，它只能制定货币政策，保证货币的稳定。只要让货币足值，保障人们随时能取出存款即可。

大家手中的每1元钱都是中央银行发行的钞票。我们有权要求1元钱能买到价值1元钱的东西，也可以随时换来1元钱的产品和服务。如果你手里的1元钱只能买来0.5元的东西，那么说明这种货币贬值了50%；相反，如果你手里的1元钱可以买到2元钱的东西，说明货币升值了100%。

正是因为要发钞，保证币值稳定，保证金融安全，保证银行体系的安全，还有保管黄金，替政府发债等，中央银行才应运而生。

目前，世界绝大多数国家都有自己的中央银行，也就是在一般银行之外，单独设立中央银行。例如，美国的联邦储备系统（简称美联储）、英国的英格兰银行、德国的德意志银行、我国的中国人民银行等，它们都是本国的中央银行。

中央银行在经济生活中非常重要，有了它才能管住整个银行系统。那么中央银行的作用究竟有哪些呢？

中央银行有三个职能

央行的第一个职能，它是发钞的银行，它的任务是要保持货币的足值。表现在两个方面：一是独占货币的发行权。一国的钞票是由央行发行的，任何银行都不可以随便发行钞票。美元是美联储发行的，英镑是英格兰银行发行的，人民币是中国人民银行发行的。二是保证币值稳定。央行把钞票发出去，它要对所有持票的人负责。人们手里拿到1元钱，这1元钱要有1元钱的购买力，如果买不到价值1元钱的东西，这是中央银行的责任，因为是央行让货币贬值了。所以，央行最重要的是保证币值的稳定。

币值稳定是一国经济健康的重要指标。如果一国货币升值，说明该国经济良好。人们都要这种货币时，该国货币就会升值；如果人们都不要这种货币，该国货币就要贬值。所以，货币标志着一国的经济实力，它是一种信心的象征，人们愿意持有一国货币是因为它的足值和稳定。

央行的第二个职能，它是银行的银行。表现在三个方面：一是为商业银行保存准备金。央行是所有商业银行的坚强后盾。商业银行必须接受央行的监督和控制，它负责保存商业银行的准备金。我们说过，现代社会的货币供给可不止是印钞厂印出来的，更多的是商业银行通过信贷活动创造出来的。商业银行通过它的信用，不断地创造新的货币供给。所以，当商业银行接受一笔存款时，它要按照法定准备金率，把这笔准备金上缴到中央银行，由央行来保管。二是央行统一办理全国各银行的结算。它是商业银行的结算中心。比如，跨行汇款业务，就需要通过中央银行去结算。三是央行充当最终贷款者。如果商业银行哪一天出现支付危机，或者储户来提款银行没钱，商业银行就可以找央行贷款，以应付紧急情况。

央行的第三个职能，它是政府的银行。表现在四个方面：一是它为政府提供金融服务，是政府的一个理财机构。它跟财政部一样，财政部负责政府财政上的收入和支出；而央行负责制定货币政策，它负责管理国家的这些钱。二是它对金融体系进行管理，所有商业银行要服从央行的管理。三是央行集中保管黄金和外汇储备。一国的黄金由央行保管，外汇储备也由央行管理。我国的外汇储备由央行下设的外汇管理局管理。我国的黄金也由央行管理。四是制定和执行货币政策。央行通过制定货币政策，来控制全国的商业银行，控制货币的投放量，因为钞票是央行印发的。央行还代表国家出席国际金融会议等。

所以说，中央银行在一国经济生活中具有举足轻重的地位。

央行的相对独立性

西方经济学认为，央行应该相对独立于政府之外，它不能完全听政府的。虽然央行和财政部都是政府的理财机构，但它和财政部不一样，财政部要听命于一国政府，而央行不能完全听命于一国政府。

央行最重要的职能是保证一国币值的稳定。比如，美国决定要加入一场战争，总统让财政部配合，扩大财政支出。财政如果有钱的话，可以加大政府支出；财政如果没钱的话，政府可以发行国债，那样就可以筹措到战争的款项。但美国政府可以命令美国的中央银行，让它增发钞票吗？不可以。

如果央行和政府穿一条裤子，该国的货币就会贬值，因为央行对它的发钞不负责任了。我们谁还敢持有美元呢？所以，央行不能随意听从政府的要求。它必须相对独立于政府之外，它要对本国货币负责，对本国经济增长负责，对银行体系的安全负责。

以美国为例，美国中央银行的行长是联邦储备委员会主席，他不能全听总统的话。美国在制度上做了这样的规定：一届总统任期是四年，一届美联储主席任期也是四年，但法律规定这两个人的任期要错开。总统上台两年后方可任命美联储主席，总统在前一半任期内无权撤换上届总统任命的主席。这就从制度上保证了联邦储备系统在制定货币政策上的相对独立性，绝不能因为他不听总统的话，就可以另换一个主席。从根本上保障央行和政府之间有一个相互制约的机制，有利于保证经济持续和稳定的增长。

这种制度的好处在于，每一届政府都喜欢寅吃卯粮，都想做出丰功伟绩，青史留名，也都想为自己的连任铺路。为了防止政府这种不负责任行为的发生，防止央行被政府操纵，人们才制定出这样的规定。这样一来，央行对政府的经济政策就有了制约作用。

所以，在美国只要总统任命了美联储主席，这个主席就相对独立了，在他的职权范围内，他可以不听总统的。美联储开会时，决定降低利率还是提高利率，总统也无权干涉。

比如，一位美国总统想连任，他告诉美联储主席说：“我要连任了，你那里配合一下，多发点货币出来，给经济再加把劲吧。只要经济搞上去，选票多了，我才能再干一届。”

但是，美联储主席绝不会听总统的，因为他要对美元负责，只有确保货币稳定，经济才能稳定。有一个好的经济，公众有信心，政党才能获得选票。

随着我国市场经济的发展和成熟，中国需要一个好的中央银行，一个健康的中央银行。我国会通过央行来控制宏观经济。可是，在过去计划经济的那些年里，中央银行只是政府的一个出纳机构。它既可以从左口袋财政那里拿钱，也可以从右口袋中央银行那里拿钱。不管从哪里拿钱，钱都只是在政府自己的口袋中变化。

改革开放四十多年来，我国的社会主义市场经济越来越完善。当市场经济体系健全后，一国货币政策的重要性绝不亚于财政政策；一国中央银行的重要性也绝不亚于财政部。央行必须保证整个金融系统的健康，其中货币稳定是基础。

我国未来的中央银行必须相对独立，才能够让我国的经济持续健康稳定发展。我国央行的责任也是保持人民币币值的稳定。为了让人民币走向国际化，我国中央银行肩负重任。

你也许经常听说，货币供给 M2，也听说过基础货币，货币乘数等。那么，什么是货币供给，什么是货币需求，什么叫基础货币，货币乘数又由什么决定呢？

第15讲

货币的几个重要概念

上一讲我们了解了中央银行的作用，这一讲介绍货币中的几个重要概念。

货币供给和需求

货币的数量就叫货币供给。一国有多少货币怎么计算呢？这可是个难题。房子算货币吗？不算货币，它是房子。但把房子卖了变成钱，算货币吗？算。那股票算货币吗？不算，卖了股票变成钱，算货币吗？算。

经济学家计算的货币是从我们身边带的纸币和硬币开始的，离身边最近的就是最活跃的货币，离我们最远的就是不活跃的货币。

于是，经济学家提出多种衡量货币供给的方法，我们先来看看一般西方经济学家计算货币供给的方法，再来了解我国货币的计算方法。

货币供给的计算方法

一般把货币供给分为三类，也就是三种官方的货币计算标准，M1、M2、M3。M 就是 Money 的首字母。

（1）计算货币供给的第一种方法是 M1，它是狭义的货币供给。

M1= 现金 + 活期存款

（2）计算货币供给的第二种方法是 M2，它是广义的货币供给。

M2=M1+ 定期存款

（3）计算货币供给的第三种方法是 M3。

M3=M2+ 其他金融机构的存款，所以 M3 是更广义的货币供给。

我国计算货币供给的方法，也有三种。

（1）流通中的货币，用 M0 来表示。现金是中国人民银行发行的钞票，就是通货。这是最活跃的货币，可以直接把它当钱来花。

所以，M0= 现金（通货）

（2）狭义货币供给，用 M1 表示。

M1=M0+ 企业活期存款

（3）广义货币供给，用 M2 表示。

M2=M1+ 企业定期存款 + 居民储蓄存款 + 财政存款

我们通常使用的是 M2，这是广义的货币供给。

1996 年 10 月底，我国 M0（现金量）达 8 400 亿元，M1 约

为 2.7 万亿元，M2 约为 7.3 万亿元。从 1994 年起，我国第一次向社会公布货币供应量。

经济学家之所以要使用几种不同的计算货币供给方法，是因为仅仅根据一种方法不足以预测经济活动水平的变化。比如，为什么有时货币供给特别多，这是因为经济中出现赚钱的机会，人们就会把 M2 变成 M1，把定期存款变成活期存款，把活期存款变成现金，然后直接买房或买股票；相反，如果经济遇冷时，大家都不花钱，现金就会变成 M1，M1 变成 M2，最后变成存在银行里的钱，所以钱就感觉少了。我们在实际研究中以 M1 作为货币供给的定义。

那谁来决定货币供给的多与少呢？这由中央银行决定，因为钞票是央行发的，法定准备金是央行定的，公开市场业务是央行做的，央行控制着货币供给的总闸门。

货币需求

货币需求有流量和存量之分，人们每月得到的工资收入是一个流量，人们在手里或银行账户上所拥有的货币就是一个存量。我们讲的货币需求通常指的是存量，就是人们在某个时点愿意持有的货币量。

人们持有货币主要有三种需求：交易需求、预防需求、投机需求。

货币的交易需求和预防需求与收入正相关，与利率负相关；货币的投机需求与收入的关系不大，与市场利率关系很大。利率越高，投机的需求越少；利率越低，投机的货币需求越多。

货币的流通速度

以上我们分析了货币需求的三种形式。但是，一国流通中客观上需要多少货币还取于货币的流通速度。什么叫货币的流通速度呢？就是1元货币一年周转多少次。货币周转次数越多，需要的货币量就越少，货币周转次数越少，需要的货币量就越多。在一个繁忙的城市，货币很快就转手，在农村，人们不经常交易，货币就转得很慢。

1982年，美国的每1美元一年转6.7次。我国在1980年时每1元转2.06次，到1991年为1.13次。所以我国的货币需求量就比美国要多。

所以，货币流通速度的高低，与货币需求有很密切的关系。

均衡利率

货币供给最终是由中央银行决定的。在货币政策不变时，货币供给量是一定的。

货币需求由价格、GDP、利率三种因素决定。在既定的时点和既定的价格水平上，可以把GDP视为固定的，那么货币需求主要由利率决定。

货币是一种存量，当供给的货币量等于需求的货币量时，货币供求就实现了平衡。均衡利率指的就是货币供求平衡时的利率。

所以，利率的调整使货币供求实现了平衡，央行就是通过利率来调控宏观经济的。

基础货币

我们经常会听到这样一个名词：基础货币。什么叫基础货币？

基础货币 = 通货 + 准备金

通货就是流通领域的货币；准备金就是要交给中央银行的钱。放在你手里的钱都叫通货，放进中央银行的钱就变成了准备金。

基础货币的定义是指能够派生出信用货币的货币，它主要由央行对商业银行的再贷款形成。基础货币必须是中央银行的货币。换句话说，基础货币就是中央银行发行的钞票。

货币乘数

理论上的货币乘数，它是法定准备金率分之一。就是说法定准金率高，乘数就小，法定准备金率低，乘数就大。

但现实中货币乘数到底有多大呢？这取决于有多少钱进入银行，有多少钱留在流通领域。

比如，银行贷款中有 2/3 以存款形式又回到银行，有 1/3 作为通货流出，由居民和企业持有，那么最后的乘数大约为 2.8。

所以，现实中的货币乘数是货币量与基础货币的比率。

因为 1 元通货就需要 1 元的基础货币；但 1 元的活期存款不需要 1 元的基础货币。如果法定准备金率是 20%，你存进银行的每 1 元准备金可支持 5 元的货币供给量。因此，基础货币被称为强力货币。

货币乘数的大小取决于货币的定义，货币定义越广，乘数越大。统计资料表明，美国是根据 M1、M2、M3 这三种货币定义计算的货币乘数。我们看（1984—1988 年的数据）当美国中央银行基础货币变动 100 万美元时，M1 的乘数在 2.8 至 3 之间，M1 的变动量大约 300 万美元；M2 的乘数在 11.1 至 11.8 之间，M2 的变动量是 1 100 多万美元；M3 的乘数在 14.2 至 14.9 之间，M3 的变动量是 1 400 多万美元。

如果你的钱一半在手里，一半在银行，你手里的钱不创造货币供给的增加，放进银行就会加速信用货币的产生。如果你把钱放在银行和保险公司，创造的货币乘数就大了。

美国央行是怎么控制经济的？

格林斯潘又是何许人也？

第16讲

格林斯潘的故事

这一讲，我们谈谈美联储主席格林斯潘的故事，看看面对1987年的大股灾，格林斯潘是怎样用货币手段来制止这场金融大恐慌的。

最重要的决定

1987年10月19日是一个“黑色星期一”。这一天，美国纽约证券交易所出现了股市大崩盘，道琼斯工业平均指数暴跌22.62%以上，将近1/4股市的市值消失，大约有5 000亿美元的财富在这一天蒸发了。与1929年10月28日的那次美国股市大崩盘相比，这次的损失几乎多出了1倍。

第二天，美国的《国际先驱论坛报》刊登了一幅漫画：画面上有一头牛倒地身亡，手持利剑的斗牛士看着突然死去的牛，他百思不得其解：“嘿，我们这正炒得起劲，它怎么突然就死了呢？”这幅画真实地表现出了当时股民的心态。

在这危机时刻，所有人都把目光投向了新上任的美联储主席格林斯潘。此刻的格林斯潘正坐着飞机，飞往美国的达拉斯出席美国银行家年会。其实格林斯潘早就有了不祥的预感，但他没料到危机来得这么快。

飞机刚一落地，他走下旋梯，只见一个人飞速向他跑来，急匆匆地喊道："主席先生，大事不好了，纽约股指下跌了！'508'收盘！"格林斯潘没听清楚，以为是下降了5.8。他松了一口气，继续向前走。那人又补充道："主席先生，不是5.8，而是508点！"

格林斯潘马上意识到了问题的严重性。他急忙赶到饭店，立刻拨通了华盛顿的电话，只听到对方说："主席先生，您赶快回来吧！如果股市崩盘，美国金融市场就完了！"

格林斯潘对华尔街的局势再清楚不过了：市场上现在最需要的是什么？需要更多的钱来应对股票的抛售，否则股市将陷入灭顶之灾。可这时还有哪家银行愿意贷款呢？不仅如此，银行可能还会马上收回贷款，使那些借钱炒股的人强行平仓，把投资者的股票卖出去。到那时候，股票抛盘巨大，股市下跌制止不了。

第二天早晨，格林斯潘取消了原定的活动，立刻坐飞机返回华盛顿。

这时，华尔街的"黑色星期一"就像蘑菇云一向全球扩散：英国伦敦、日本东京、法国巴黎、德国法兰克福、加拿大多伦多……所有国家的股市都跟着下跌。

报纸头版的标题都是"血溅华尔街！""十月大惨案！""失

控的大屠杀！”等。这时，记者们都把摄像机对准了华尔街上的高楼，他们想捕捉到谁在跳楼的镜头。

面对这种棘手的局面，刚上任的美联储主席格林斯潘经过反复思考，做出了可以称之为他人生中最重要的决定。赶在美国股市开盘前50分钟，格林斯潘发表了一个简短的声明。他说："美国联邦储备体系，本着它作为这个国家中央银行的责任，在这里宣布，它会作为一个流通货币的来源，对所有经济和金融体系提供援助。"

格林斯潘一言九鼎，他用一句话发表了一个历史性的声明。这个声明立刻传遍美国和全球，他在向市场传递这样一个信息："大家不要慌，我们有的是钱，我要打开货币的水龙头，放水给所有需要钱的人。"用美国《商业周刊》的话说，格林斯潘这句"向市场打开了货币水龙头"，使得整个市场犹如久旱逢甘霖。格林斯潘的果断决定避免了1929年10月美国股市大崩盘的历史重演。

格林斯潘临危不惧、力挽狂澜，制止了这场股市危机的蔓延。从那时起，格林斯潘真正走上了美联储主席的位置。

格林斯潘的特点

1926年3月6日，格林斯潘出生在美国纽约的曼哈顿，他是家中独子。在他3岁那年，1929年10月28日美国发生了大股灾，这导致了美国20世纪30年代的经济大萧条，格林斯潘的父亲是一位股票经纪人，在那场股灾中输尽了全部财产。在格林斯潘4岁那年，父母离异，他的家庭破碎了。

他受母亲的影响喜爱音乐，后来进入音乐学院学习，他最拿手的乐器是单簧管。在参加演出一年后，他发现自己并不具备音乐天赋，反而对经济问题有着浓厚的兴趣。于是，格林斯潘从音乐学院退学，进入纽约大学商业金融专业，从此走上了一条经济金融之路，最后坐上了美联储主席的位置。他这一坐就是18年。

格林斯潘作为美联储主席，有三方面特点。

第一，他是个“数据狂”。格林斯潘不到5岁时，就表现出极高的数学天赋。他这一生都痴迷数据，他收集了大量难懂的资料，用来分析美国经济的好与坏。美国总统克林顿也知道格林斯潘是个“数据狂”。在一次白宫招待记者的晚宴上，克林顿开玩笑说：“格林斯潘带着他交往多年的女友米切尔一进门，他把自己的衣帽交到存衣间时，人家找他要1美元费用，格林斯潘立刻在嘴里嘟囔着说，去年还是75美分呢。”

克林顿笑称，“格林斯潘一把年纪才谈上一个女朋友，在女友面前还那么吝啬”。殊不知，格林斯潘的脑袋里记着1万多个数据，他要关注经济领域中的各种指标，这样才能应付美联储主席的工作。

第二，保持央行的相对独立性。格林斯潘于1987年被任命为美联储主席，他在同年10月19日，力挽狂澜，挽救了美国股市，这确立了他在华尔街和白宫的地位。1992年12月，格林斯潘去了美国的阿肯色州（克林顿的老家），克林顿邀请他参加施政演说。他赞扬克林顿对待赤字的态度，但他话锋一转说道：“如果政府的财政赤字能降多少，我的利率就可以降多少。”

对于格林斯潘来讲，不管总统怎么说，他所做的一切都要听从经济的指示。他绝不会为了总统的连任而多发放货币。他要对美元负责，对美国经济的平稳发展负责，决不能让美国出现通货膨胀和大量失业。

1996 年，美国《财富》杂志说：“谁当总统无所谓，只要格林斯潘一直当美联储主席就没事。”到 2003 年，他已经在美联储主席这个位置上干了 15 年。美国总统都换了几届，而他还一直坐在美联储主席的宝座上。

第三，“模糊的语言大师”。格林斯潘作为美国央行行长，他的一言一行都会受到高度关注。尤其是那些理财的经理，每天都盯着格林斯潘，从他的字里行间揣摩着他的心理活动。

美联储制定美国的货币政策，对于短期利率的调整，哪怕是 0.25 个百分点的微调，也能瞬间把股票市场抛到半空或是从高空摔到地面。在货币政策出台之前，不能走漏半点风声，否则货币政策就会失效。

这方面格林斯潘有过深刻的教训。1987 年，他刚上任不久，接受了一位美国记者的采访：“主席先生，您是怎样看待美国股市的？”他回答道：“我从来都为股市忧心忡忡。”

没想到，他的这句话让美国股市立刻下跌，这次教训让他铭记终身。他意识到，作为美国央行行长，他说出的每一句话都应当非常谨慎。后来，他成了一个“模糊的语言大师”，谁也别想从他的嘴里套出半句话来。

例如，在一次国会对话中，他这样说道，“我知道，你相信，你明白了，你认为我所说的，但是我不能肯定，你是不是意识到了你所听到的，并不是我的意思”，这种绕口令式的句子堪称“格林斯潘式警句”。

1987 年，他上台不久后在一次会上说：“自从我就业于中央银行，我就学会了‘语无伦次’加‘含糊其词’。如果我令你觉得过于明白了，那你一定已经误解了我的意思。”此言一出，听众们哄堂大笑。

1995 年他发表了一个讲话，各报登出来后发现所有的标题都是矛盾的，因为记者们的理解各不相同。这家报纸记者理解为，美联储要加息了；那家报纸记者认为，美联储要降息了；当然还有人说，可能不升也不降。没有人能够准确把握他说话的意图，这样就不会导致美联储出台政策的失效。

美国的利率杠杆一动，全世界都会跟着联动。如果美元加息，那么其他国家央行也面临加息的压力。因为，别国如果不加息，就会有人把本国货币换成美元。例如，美元加息了，英镑不加息，那英国人就会把英镑换成美元，导致英镑流出英国。

人们是这样形容格林斯潘的：如果美国总统一跺脚，打颤的仅是白宫，可格林斯潘一打喷嚏，那全世界就得下雨。可见，在货币问题上格林斯潘比美国总统还要权威。

从格林斯潘的故事，我们看到央行治理经济的思路就是控制货币供给的闸门。美联储制定货币政策时，要对美元负责。格林斯潘不会随意听从美国总统的话，他也不能随意打开货币的水龙头。

这些都是美联储给我们的启示。

中央银行是通过货币政策来调控一国经济的，那央行都有哪些货币政策的工具呢?

第17讲

货币政策的三大法宝

我们时常会听到，我国央行要降准了，美联储要加息了，央行要回购债券等，这些问题说的是什么呢？这说的是一国货币政策的工具。有人会问，一国的货币政策工具和我有什么关系呢？因为，一国的货币政策影响了经济的冷与热，影响了钱的多与少，这和我们每个人的生活都息息相关。

在美联储主席格林斯潘的办公桌上放着一块牌子，上面写着“钱从这里滚出来”。它形象地说明了美国央行握有货币供给的水龙头。

货币政策有三大工具，也叫三大法宝。

货币政策的第一个工具：法定准备金率

什么叫法定准备金率？当人们把钱存在银行时，银行必须把其中的一部分钱上缴中央银行。如果法定准备金率是10%，银行100元的存款只能贷出90元，其余的10元要上缴中央银行。如果准备金率是5%，银行可贷出95元，剩下的5元则要上缴央行。

实行存款准备金制度的最初目的是防止银行出现大量挤兑。后来演变为央行控制货币供给的一个重要工具。

准备金率下调，意味着央行打开了货币供给的水龙头，商业银行可贷出的钱就多了。所以，当央行降低准备金率时，钱就从银行流了出来，它能够为经济提供更多的货币支撑。

什么情况下央行会提高准备金率？经济过热，放出去的贷款过多，快要产生通胀时，央行就会提高准备金率。把准备金率从5%提到15%，这样，原来商业银行可贷出95元，现在只能贷出85元了。假定一家商业银行持有1亿元人民币，按照5%的准备金率，它要缴存500万元准备金，可贷出9 500万元。准备金率提到15%，它的1亿元就只能贷出8 500万元了。商业银行要马上收回它多贷出去的10%的金额，它要从企业中把1 000万元收回来上缴央行，这会发生一系列追讨资金的行为。

提高准备金率就是把流通领域的钱抽走，经济中没了资金的流动性，很大一笔钱要被冻结起来放进中央银行，经济发展就会放缓。所以说，央行调整准备金率是一个非常强有力的手段。

如果哪一天我国央行要提高准备金率，你就知道这是央行在行使强有力的货币政策，我国的商业银行将会处于非常困难的境地。

什么情况下央行会降低准备金率呢？在经济萧条时期，供过于求，所有的东西都卖不出去。央行就会打开货币供给的水龙头。2019 年，我国的经济现状就是如此。降准就是央行降低准备金率，钱会从央行流出来。央行流出来的钱是基础货币，这里还有货币乘数，它会刺激经济快速发展，商业银行可以多放出贷款。企业和个人借款都可以多起来，无论是消费还是投资都将被拉动。

因此，我们说调整法定准备金率是一个非常强烈的手段，它只有在特殊情况下才能使用。

货币政策的第二个工具：贴现率

什么是贴现率？这个概念最早在中国不叫贴现率，叫再贴现率。

比如，我手里有一张 1 万元的国债券，还没有到期，可眼下我需要钱，想把它变成现金。我可以去商业银行卖掉它，这叫贴现。商业银行不给我债息了，还要扣掉一部分手续费，我会因此损失一些钱，但没关系，因为我急需用钱。

商业银行收到我的这张票据后，如果它暂时不需要钱，就放在手里，等到期时卖了，可以赚取很多的债息。如果这时商业银行也急需现金，商业银行就把它拿到央行去再贴现。央行买下这张票据后，它给商业银行一个再贴现率。

西方经济学把贴现和再贴现都叫贴现率，我国现在也统一概念，统称为贴现率。贴现率就是商业银行从中央银行借款的利率。

当商业银行发现自己的准备金不足时，它的一个重要途径就是以贴现票据向中央银行借款。中央银行就是通过调整贴现率，来达到调节社会资金量的目的。

如果央行货币政策是紧的，贴现率就高，说明央行不愿意放出钱来。如果央行给出一个低贴现率，说明央行愿意把钱放出来。所以，央行是通过贴现率来控制货币的闸门。事实上，中央银行对利率只有一个权利，就是它能够决定贴现率。

有人问了，贴现率是由央行定的，那商业银行的利率是由谁来决定的？我们说，在市场经济国家，利率既不是政府定的也不是央行定的，利率是由市场来决定的。

美元利率为什么有时高有时低呢？如果美国有商机，市场上好赚钱，大家都需要美元，美元的需求大于供给，美元的利率就高；相反，如果大家不看好美国经济，都不要美元，美元的供给大于需求，美元的利率就低。因此，利率是由市场供求决定的。

所以，央行只能决定贴现率，在中国它叫再贷款利率，在美国它叫联邦基准利率。央行可以用贴现率来给市场降温或给市场加油。

比如，原来贴现率是 5%，现在变成 8%，就说明通胀严重，央行不准备把钱放出去。你想想看，央行给商业银行的贴现率是 8%，商业银行贷出的利率就得高于 8%。贷款利率过高，企业就不会去贷款投资了，人们不去贷款消费了，商品价格就会降下来，通胀率就被控制住了。

因此，我们说贴现率也是一个比较强硬的手段。但央行不能经常调整贴现率，因为利率杠杆一动，引起的市场波动太大。

货币政策的第三个工具：公开市场业务

公开市场业务是指央行在公开市场上进行操作，买进或卖出债券。这些债券有三个月期、半年期、一年期、三年期和五年期的不等。

比如，有些企业手中有一笔闲钱，它既不想投资也不想扩大生产，更不想进股市。它就买了政府债券，债券利率高于银行存款利率。

央行发现经济冷了，它决定打开货币水龙头，就是在公开市场买进债券。当经济太冷时，市场需要现金。央行买进债券就放出了现金，这就打开了货币供给的水龙头。

央行收购国债，把钱放出来，鼓励人们去消费、去投资。央行这样做的目的是刺激经济回升。

央行在哪种情况下会卖出国债呢？就是当央行发现经济需要降温，再热下去要出现泡沫，通胀率高了，央行就会在公开市场上卖出国债。央行给一个高利率吸引人们购买债券，让人们都愿意持有国债。

当人们持有债券时，就没有钱去消费和投资了，市场上流动的现金减少了，经济就会适度降温。

公开市场操作可以频繁进行，它可以对经济进行微调。我们说，公开市场业务就是央行和百姓之间买卖国债，它是现金和债券的互换。央行通过债券的买卖控制货币供给的多与少。

近年来，由于世界经济出了问题，各国央行都在使用利率这个杠杆。比如，日本在2003年时，利率已低到0.1%，接近零利率，这时日本政府和央行的利率就没有了调控空间。2010年，美国的利率降至0.25%，欧洲央行的利率也不到1%。

大家可以看到，在经济不好的年份，各国的利率都非常低，这些都是央行为了刺激经济而使用的手段。但这样就埋下了通货膨胀的祸根。

所以，如何制定一国的货币政策，如何调整利率杠杆，对各国央行都是一个考验。

作为一国政府，应该如何使用政策的组合拳，为经济“踩刹车”或“踩油门”呢？

第 18 讲

金融市场为我们提供了什么？

我想问一个问题，如果你有 10 万元，把它存进银行或者全部投资股票，这两件事结果一样吗？答案是，当然不一样。你把钱存进银行，如果银行把你的钱贷出去后赔了，银行仍然要还给你。但你买股票赔了，就没有人会为此负责了。

所以说，存进银行叫间接融资，买了股票叫直接融资，这是两种完全不同的融资模式。

什么叫金融市场？

由于货币具有延期支付的职能，就产生了信用，在信用的基础上出现了银行，银行出现后，因为它具有创造货币的功能，就在更大的基础上创造了信用。这就涉及到了金融。

什么叫金融？金融就是由货币、信用和银行形成的资金融通，取中间两个字称为“金融”。凡是货币转移、票据交易、银行信贷、证券投资，都属于金融活动，为这些活动提供的场所叫金融市场。

在现代社会，有些人有钱不想投资，另一些人没钱但想投资。为了使储蓄者和投资者结合起来，就需要一条渠道，金融市场的作用就是提供渠道，实现资金从储蓄者向投资者转移。正是由于有不同需求，才有了金融市场。

因此，金融市场是一个大的概念，它包括了所有的金融活动。

间接融资和直接融资的区别

通过银行完成的信贷活动叫间接融资，通过证券市场完成的交易活动叫直接融资，区别就在于前者的风险在银行，后者的风险在个人。金融市场有两种融资方式。

第一种模式是间接融资，就是找银行借钱。如果你把钱借给朋友，你的监督成本就很高，也很难确保朋友能还给你。但把钱存入银行，银行作为中介帮你往外贷款，第三方可能不还钱给银行，但银行保证会把钱还给你。所以从效率、收益、资金的安全性来看，都有银行做担保。

银行创造了资金的流动性，它可以贷出多笔资金，只要滚动着向前走即可，即使有少数贷款收不回来，还是能保证多数贷款按期还上。只要有资金不断流入，银行就能向前发展。当一些企业效益不好、出现问题时，银行会冻结并收回它们的贷款。银行可以把资金从夕阳产业转向朝阳产业，通过银行这只手，资金流向有利润、有前途的行业，这使得经济可以在良性循环的轨道上发展。

第二种模式是直接融资，就是到股市融资。资金成本最低，除了上市费用和以后给股东分红外，上市公司不必归还本金。所以，找银行借钱叫间接融资，到证券市场发行股票叫直接融资。

这是两种不同的融资形式。股市融资中，一旦企业经营出现问题，投资者需要共担风险。

如果你想创业，该如何筹资才能做到成本最低、负担最小？你应该去银行，去债券市场，还是去股市呢？这是需要思考的问题。为什么金融机构比自己理财效率高呢？

假定，一家银行贷款100笔，有90笔可以收回来，有10笔收回不来，这个银行照常运转，甚至还能赚钱。但是，如果你自己借出去一笔钱收不回来，那就百分之百地损失了。但是，当你进入股市的时候，赚和赔都是个人的事，你要对自己负责。在这种情况下，各种基金相关的专业机构应运而生，它们可以帮人们挑股票、选理财产品。

正因为金融机构具备帮助人们融资，使资金成本最低、监督债务人成本最低，还可以分担风险、创造资金的流动性等职能，所以它才发展得如此之快。

我国目前正在努力拓宽直接融资的渠道，分散银行储蓄过多的压力，也分担银行贷款的负担。建立和完善我国股票市场和资本市场，这是我国政府面临的一项艰巨任务。

在过去那些年，我国经济活动中大量出现的都是间接融资，老百姓存钱只能到银行，投资者借钱也只有找银行。这样就使银行的负担过重。

相反，有很多新兴的、有潜力的企业不具备相当的规模和信誉，也够不上银行的贷款条件。所以企业到银行贷款就变得非常困难，银行还要承受支付储户利息的巨大压力。这使得很多银行贷款都流向了房地产市场。

虽然我国股市目前还存在很多问题，但政府在不断规范我国的资本市场，我国想发展出一个庞大的资本市场。这个资本市场有多大呢？要和中国经济增长的规模相适应，给更多企业找到一条融资的渠道，给那些能成为企业家的人提供获得资金的条件，使那些有潜力的企业都能上市融资。我国好的企业还可以到境外资本市场上市。可以到美国上市，到香港上市，到新加坡上市等等，这都是为企业的发展找到了更好的直接融资渠道。

在西方发达国家，有投资银行，有风险投资基金，企业可以上市融资，也能发行企业债券，这些都为企业发展提供了良好的融资环境。这是我国在金融体制改革中应该学习和借鉴的。

概括说，我国金融体制改革的大趋势就是变间接融资为直接融资，而发展壮大我国的资本市场是大势所趋。

货币市场和资本市场的区别

金融市场是一个庞大而复杂的体系。按期限的长短，可以把金融市场分为货币市场和资本市场。

什么叫货币市场？如果一个企业需要筹措短期的现金，可

以到货币市场去借钱。经营一年以下信用的叫货币市场，

什么叫资本市场？经营一年以上信用的叫资本市场。

经营短期信用叫货币市场，经营长期信用叫资本市场。资本市场又分为证券市场和长期借贷市场，而证券市场又分为股票市场和债券市场。

简单地说，把钱当货币来使用叫货币市场，把钱当资本来使用就叫资本市场。

从原则上说，投资者买了股票，一定是等着它升值了再卖；投资者买债券，也是等到期了再卖，当然也可以把它提前兑现。

通过货币市场，企业和政府都可以因短期缺钱而筹措资金，或把闲置资金用于投资。这些问题都可以在货币市场得到解决。

政府对货币量的宏观调控主要在货币市场上进行。就是说一国的货币政策调控的主要是货币市场，政府不能调控资本市场。如果政府调控资本市场，它今天出台一个政策引起股市上涨，明天出台一个政策造成股市下跌，那还有谁敢买股票呢？

因为资本市场是一个买卖股票和证券的市场，人们需要自己做出判断，无论是赔钱还是赚钱，都要自己承担，对自己的钱负责，政府是不会为股市赔钱买单的。所以，股票市场的风险要高于银行。

在我国，建立健全金融市场是一项长期艰巨的任务。只有金融市场健康运转，我国的经济才能稳步发展。

那么，一国政府是如何通过宏观政策来调控经济的？

第19讲
宏观经济政策的组合拳

在现实生活中，我们每天都会看到很多经济新闻，也经常听到政府出台了一些政策。但是，你知道这些经济信息意味着什么？这些政策会给国家经济和你的生活带来什么影响？

前文讲的都是基本理论和基本概念，这一讲谈政府的宏观政策对经济的调控。

政府调控经济的政策

前文讲过，政府拉动经济增长有三驾马车：一是消费，二是投资，三是出口。一国经济要想平衡发展，它的总供给一定要等于总需求。如果不相等，政府不是动左手，就是动右手，那这两只手究竟怎么动？

政府调控经济有三大政策：一是财政政策，二是货币政策，三是对外经济政策。

财政政策，主要是财政的收入与支出。财政的收入主要来自税收，政府通过收税来调控经济；财政的支出分成两大块：

一块用于经常性支出，一块用于建设性支出，财政支出的多少也是政府调控经济的手段。总结起来，财政包含财政的收入、财政的支出、政府的税收、国家的债务。政府会用税收和支出来刺激或收缩经济，用赤字和债务来拉动经济。

货币政策，主要是中央银行的作用。在走向市场经济的过程中，我国货币政策在经济生活中的作用越来越重要。货币政策有三招：准备金率，贴现率和公开市场业务。中央银行控制着货币供给的闸门，它可以给经济“踩刹车”和“踩油门”。比如，现在世界都在关注美国的央行美联储是否降息，美联储就是通过利率来调控美国经济的冷与热。

对外经济政策，主要表现为汇率和关税的作用。随着我国加入世贸组织 WTO 以来，我国努力加大出口、吸引外商投资。这些年我国是吸引外资最多的国家之一，甚至超过了美国。外资直接投资到中国，说明他们看好了中国经济的未来。

一国经济为何不能一直高速增长?

有人问，过去那些年，为什么我国政府要让经济增速降下来？如果不减速，我国经济一直在高速增长，那会出现什么问题呢？

例如，2008 年北京奥运会时，我们可以像国外发达国家人们的生活水平那样，让北京每户家庭至少有一辆小汽车吗？当时不可以。

“为什么呢？”“北京市民有那么多钱买车吗？”

“没关系，全国人民支援一下北京吧。”

“那有那么多车吗？”“没关系，咱们可以自己生产”。

“有那么多的钢铁吗？”“没有可以进口钢铁。”

“这几百万辆车要加油，有那么多的汽油吗？”“没有可以进口汽油”。

“就算每家都有了车，北京有那么多的路吗？”“没关系，北京可以一直修路，三环、四环、五环、六环甚至七环……可以一直修下去。”

“政府有那么多的钱吗？”

经济学有个原理叫生产可能性边界。一国有多少自然资源、财力资源、人力资源，都是有一定限制的，超过了这个限制经济就不再增长，只有价格的增长。但是随着科技的发展，未来生产可能性边界也会向外扩展。

上述这个例子是想说明，任何一国在一定的生产阶段，它只能干这个阶段该干的事情。

这是由我国资源的稀缺性决定的，当我国经济的发展超过这种生产可能性边界时，经济就不可能继续向前发展了，这时必须“踩刹车”。如果不刹车，经济就会出现硬着陆。东西少需求多，导致价格上升，通货膨胀就会来临。

随着我国经济发展增速的提高，人们财富的增多，人均收入水平的提高，未来这一切是能够达到的。但是当年不行。

有人问，政府为什么有时“踩刹车”有时又“踩油门”？

政府是如何“踩刹车”或“踩油门”的?

我们将政府对宏观经济的调控比喻为开车，当经济太热时，政府要“踩刹车”，当经济太冷时，政府要“踩油门”。

先看我国政府是怎么“踩刹车”或“踩油门”的，再看国外政府是如何做的。

经济太热时，总需求大于总供给，需求太多供给不足，导致价格上升，通货膨胀率不断攀升，利率不断提高，这就表明一国经济过热了。就像 1993 年我国的经济过热现象，如果不降温，就会出现硬着陆。于是，我国政府从 1993 年起对经济进行了大力整顿，到 1997 年经济实现了软着陆。

经济太冷时，我国政府就会实施“踩油门”政策。在财政政策上，减少税收，增加支出；在货币政策上，降低利率，增加货币供给量。当经济太冷时，央行会打开货币供给的水龙头，把利率从高位降下来，就是我们常说的降息。

当利率很低时，人们更愿意贷款去投资、去买房。当人们觉得贷款消费合适时，钱就会重新流入经济领域。当人们愿意投资、消费、生产，觉得有钱可赚的时候，经济就会从谷底回升，由冷变暖。

美国为了刺激经济回升，是怎样“踩油门”的？美国自从 2001 年发生“9 · 11”恐怖袭击事件以后，经济开始走下坡路。美国中央银行前后降息了 12 次，利率从 6.5% 降到 1.25%，目的就是想把经济从衰退中拉起来。

而美国政府为了刺激经济回升，采取的是扩张性的财政政策。第一招是减税计划，每人一年减税 1 000 多美元。让国民和企业手上的钱多一点，消费多一点，这样可以让经济复苏。第二招是扩大财政支出，增加军事费用，攻打伊拉克的费用共支付了 747 亿美元。一方面减税，一方面增加军费，加大政府的支出。结果是美国政府出现了更大的财政赤字，只能用大量发行国债来弥补财政赤字。所以，美国现在是全世界最大的债务国。

政府宏观调控的思路是经济冷时“踩油门”，经济热时“踩刹车”，这些都是逆周期调节。如果你能了解这些基本理论和政策，就能看懂宏观政策的出台，在面对自己的消费、投资和理财决策时，你的选择就会合理得多。

现在人们关心的是，我国经济未来的走势如何？

我国的经济回暖了吗？

第20讲

中国经济回暖了吗？

看我国2019年第一季度经济数据，GDP同比增长6.4%。拉动一国经济增长有三驾马车：消费、投资、出口，现在我国的消费和出口都表现强劲。

一是消费表现良好，这是我国经济增长的主要推动力。2019年3月社会消费品、零售总额同比增长8.7%，创下2018年9月以来增速新高。二是工业生产数据强劲。2019年3月的工业增加值同比增长8.5%，创出四年半新高。三是房地产的投资表现强劲。四是出口明显好于预期，以美元计价同比增速为14.2%。

我国的经济现状是消费增长了，出口也增长了，唯一表现较差的是投资不足，制造业投资仍然疲软。用一个词来形容我国经济的现状：乍暖还寒。

有人会问，我国的宏观政策松一点不好吗？我们说，短期会好，但长期会留下通胀风险。也有人会说，宏观政策干脆紧一点吧。如果经济冷了政府还缩紧政策，经济领域中更加找不到钱，只会让经济冷上加冷。那到底该怎么办呢？

我国的宏观调控政策如何?

宏观调控政策包括财政政策、货币政策、对外经济政策三方面。

我国采取的是积极性财政政策:一是减税,实施大规模的减税,2019 年减税降费近 2 万亿元;二是扩大政府支出,2019 年财政支出超过 23 万亿元。

我国实施的是稳健货币政策。货币政策通过三大工具来实施:一是准备金率;二是贴现率,也就是利率;三是公开市场业务。对于货币政策有以下几个问题。

第一,我国央行会不会降息呢?这要看美元是加息还是降息。因为美元处于加息周期,如果美元加息,人民币降息,钱就会流出中国。这就相当于美元升值了,拿着美元存款利息多。如果美元降息,我国央行就有了降息的空间。

第二,央行会不会降准呢?我国央行今年会降准,就是降低准备金率。我们曾经讲过,准备金这个手段可不能经常使用,因为它非常强劲。所以央行这次不是全面降准,而是定向降准。分三次进行,这如同用药一样,不能一次性用太猛的药,要分几次用药,持续长期输血,才可能对经济有好处。

2019 年第二季度央行下发了降准通知,下调农商行人民币存款准备金率到农村信用社的档次,5 月 15 日、6 月 17 日、7 月 15 日分三次调整到位,前两次分别下调县级农商行的存款准备金 1 个百分点,第三次将服务县域农商行的存款准备金下调至 8%。这次定向降准主要是用于发放民营和小微企业贷款，释放的长期资金约为 2 800 亿元，我们知道货币有乘数，这会创造出信用货币达 9 000 亿元之多，央行释放了资金的流动性，拉动了经济增长。我国还会使用公开市场业务，买进国债，释放流动性，拉动经济回升。

第三，对外政策会降低关税，而降低关税是中国对外经济政策的大趋势。

政府“踩油门”的正面和负面影响

财政政策减税降费的好处是，减轻了企业负担，让企业能开工，这就增加了就业，减少了失业，也有利于大学应届毕业生找到工作。为了对冲这些风险，我国的宏观政策是“踩油门”。

货币政策降准的好处是，中央银行开闸放水，把钱从央行放出来，让民营和小微企业拿到钱，救它们于水火之中。资金的流动性加大，能让我国经济从过冷状态中走出来。

对外经济政策降关税的好处是，让外国商品进入中国，这对消费者是件好事，能买到便宜商品，但对国内企业是一个挑战。如果同样的商品，国外的既价格便宜又质量好，国内商品卖给谁呢？

我们再看负面影响，政府“踩油门”短期内会刺激经济，但长期会带来风险。因为无论是财政加大赤字、增发国债，还是货币政策的降准，这些都是刺激经济的手段，但长期使用下去，会带来还债风险和通胀风险。这将导致经济没有实质的增长，只是价格增加，因为经济增长被物价上涨抵消了。

例如，虽然你的月工资收入增加了 200 元，但物价涨了，买到的东西和原来一样多，或者甚至没有原来的多，就等于你的收入没有增长。一国经济也如此，如果经济增长率是 6%，通货膨胀率是 3%，实际经济就只有 3% 的增长，其中的 3% 被通胀抵消了。

所以，无论是财政政策还是货币政策的“踩油门”，都会刺激经济回升，但有可能导致通货膨胀和债务危机，这已被各国经济的实践证明。

我国在 2019 年第一季度，经济出现了好转迹象，由于外部环境的严峻，我国经济的表现为乍暖还寒。政府的宏观调控政策绝不能掉以轻心。

“踩油门”的短期效果会刺激经济回升，但长期会带来通货膨胀和债务危机的风险。财政政策刺激过头了，会导致债务危机；货币政策刺激过头了，会导致通货膨胀。

那么，一国通货膨胀的危害究竟有哪些？

通货膨胀

通货膨胀是人们最关心的话题，又是各国在发展过程中都会遇到的难题。通货膨胀的危害是什么？它对一国经济会产生怎样的影响？对我们的生活又有什么影响？如果一国不能创造财富，只有货币不断增多，通货膨胀就不可避免。恶性通货膨胀究其根本原因，是政府的不负责任，没有创造财富，不断印钞票造成的。

第21讲

通货膨胀的基本知识

讲完宏观政策，再来讲通货膨胀问题。

通货膨胀是人们最关心的话题，又是各国在发展过程中都会遇到的难题。通货膨胀的危害究竟是什么？它对宏观经济会产生怎样的影响？对我们的生活又有何影响呢？

通货膨胀的基本知识

什么是通货膨胀？一国物价总水平普遍而持续地上升，就叫通货膨胀。如果只有一种商品的价格上升，这不是通货膨胀，只有大多数商品的价格都上升，而且物价水平是持续上涨，这才是通货膨胀。

如果你有100元存款，通货膨胀率是5%的话，你的购买力就少了5元；如果你有1万元存款，你的钱就少买了500元的东西，这就是通货膨胀。

通货膨胀率是指价格一般水平上升的速率。

通货膨胀怎么衡量呢？一般是用价格指数来衡量通货膨胀。

因为通货膨胀最终要通过物价水平的上涨表现出来，所以物价总水平的持续上涨幅度，就成为通货膨胀的标志。各国都用价格指数来表示一国的通货膨胀率。

国外最常用的价格指数有三种：一是消费价格指数；二是生产价格指数；三是批发价格指数。

消费价格指数（CPI），它衡量的是一篮子消费品和劳务的市场成本。这一篮子里主要大类是食物、衣服、住房、燃料、交通和医疗。这里包括了人们的衣食住行。

生产价格指数用来测量生产者卖给批发商的商品价格水平。

批发价格指数用来测量批发商卖给零售商的商品价格水平。

有人问，为什么有这么多的价格指数呢？因为只有一种价格指数不足以衡量价格水平变化的趋势。

如果生产者卖给批发商的商品价格提高了，那批发商很快就会向零售商索取更高的价格，这就有更高的批发价格指数。零售商也不得不向消费者索取更高的价格，这就使得消费价格指数上升了，从而导致整个物价水平上升。

当你看到生产价格指数涨了，批发价格指数也涨了，你就会知道消费价格指数很快就会跟着涨了。这些指数就是用来判断价格变化的趋势。

国外衡量一国通货膨胀率的一个最重要的指数就是消费价格指数。

我国也一样，统计局每年都会编制居民消费价格指数和社会商品零售物价总指数，因为这两种指数和百姓的生活息息相关。

通货膨胀的类型

通货膨胀有三种类型：一是温和的通货膨胀；二是奔腾式的通货膨胀；三是恶性通货膨胀。

温和的通货膨胀是指年率低于10%的通货膨胀率，也叫1位数的通胀。凡是10%以下的都叫作温和的通货膨胀。

奔腾式的通货膨胀是指一国通货膨胀按照20%、100%甚至200%的年率上升，就是2位数或3位数的通胀。这时物价就控制不住了，由于货币价值损失得太快，人们都不愿意持有任何货币，金融市场消失了，人们囤积商品，购买房屋，谁都不会按照普通的利率贷出货币。在阿根廷和巴西都曾出现过100%的通货膨胀率。

当恶性通货膨胀来临时，经济将遭受巨大的灾难。“一战”后的德国就发生了恶性通货膨胀。由于德国政府无法借债也收不上税，于是德国政府就打开了印钞机，把货币和价格都推向了天文数字。一个德国人在1922年拥有一张价值3亿美元的债券，两年后，这张债券连一块橡皮糖都买不到。国民手里的钱都变成了废纸。

1776年，在美国的南北战争期间，美国南部就发生了恶性通货膨胀。人们对此这样描述：在过去，我们是把钱放在衣服口袋里到商店去，用篮子装回食物；现在，我们是把钱放到篮子里到商店去，用衣服口袋装回食物。除了货币，什么都是匮乏的。

如果一国发生了高通货膨胀，这时的货币就不具备价值贮藏和计量单位职能了，人们不愿意要本国货币，而宁愿接受美元。

尽管通货膨胀非常可恶，但当它被预计到时，通货膨胀带来的大部分经济成本便会消失。这里有一个概念叫指数化。

简单地说，如果人们预测到今年的通货膨胀率是10%，那么工资收入也要提高10%，这就是指数化。把工资收入和通货膨胀率挂钩。西方国家价格指数化比较普遍。如工资价格指数化、社会保障支付指数化、利息和利率指数化。由于指数化的出现，整个经济中通胀造成的损失减缓了。

谁是通货膨胀的受害者?

通货膨胀的受害者包括三类人：一是放贷者；二是退休者；三是现金持有者。

第一类受害者：放贷者。由于大多数的贷款没有指数化，通货膨胀上升，就意味着放款者从借款者那里收回的钱低于它借出时的价值。还有许多人把他们为退休准备的积蓄，大部分拿去买了债券或证券，如果通货膨胀发生，他们将蒙受损失。当通货膨胀突然出现，借给别人钱的人着急了，因为收回的钱贬值了，这时借款人合适了，他还的钱少了。通货膨胀有利于债务人，不利于债权人。

第二类受害者：退休者。退休后如果他们的收入一直都没有调整，依然保持原来的退休工资，那物价水平的上升会使退休者的生活水平变糟。许多退休者只拥有固定的养老金，为了满足退休生活的需要，他们储蓄了一生，但通货膨胀可能意味着他们的养老金收入将不足以使他们按照自己期望的方式生活。因此，在通货膨胀时期，最受打击的是退休者。

第三类受害者：现金持有者。因为手头的现金会随通货膨胀而贬值。所以，通货膨胀对持有现金的人来说就是一种税收。经济学家把它称为"通货膨胀税"。如果一国的通货膨胀率是5%，就相当于你手里的现金交了5%的税。所以，凡是持有现金者都得再缴一个"通货膨胀税"，这是政府对公众财富的一种掠夺。在我国，许多农民手中的钱放在手边或存在家中的，通货膨胀对他们的损失将是巨大的。

谁该对通货膨胀负责任？

我们说，政府该对本国通货膨胀负责任。因为工资收入是增量，个人存款是存量。政府可以让你这个月不赚钱，没有增量，但不能让你的存量变小，甚至让你的钱失去购买力。

例如，一个农民工月收入是5 000元，他有存款2万元。你可以让他失业没工作，赚不到5 000元，但你不能让他的2万元存款缩水，如果货币贬值了，就是政府的责任了。

因为钞票是一国政府委托中央银行印的，它要对钞票负责任。如果一国政府不负责任，它可以用通货膨胀的方式，悄悄改变政府和国民之间的财富比例。原来政府占总财富和国民财富比例是 3∶7，政府通过发钞或以通货膨胀的方式，将这一比例变成 5∶5。

所以，政府应对我们手中货币的足值负责任。中央银行要控制货币供给的水龙头，不可以随便开闸放水，因为这关系到我们口袋里的钱是否缩水的问题。

世界上都发生过哪些恶性通货膨胀？

第22讲

德国的恶性通货膨胀

在近代历史上，最有名的恶性通货膨胀当属德国在两次世界大战后的恶性通胀。

“一战”后德国的恶性通胀

20世纪最严重的通货膨胀发生在德国。第一次世界大战德国战败，在巴黎和会上，协约国向德国索取天价赔款，每年1 320亿马克相当于1921年德国商品出口总值的1/4。德国人根本拿不出这笔钱，法国怕德国赖账，就联合了比利时、波兰出兵占领了德国经济命脉的鲁尔区。

德国工人开始罢工，德国政府让工人回家去，并承诺一吨煤也不让法国挖走，政府照样给工人发工资。这样一来通货膨胀就逐渐发展得严重起来。德国政府走投无路，只能饮鸩止渴，于是打开了印钞机，这引发了金融史上前所未有的恶性通胀。

1923年，德国的一斤土豆需要450亿马克，一磅奶油需要2.8万亿马克，一个面包要2 000亿马克。这场危机来得太快了，不仅市民没想到，德国政府也没想到，想生产大面值的纸币已经来不及了。怎么办呢？德国政府只能在 1 000 马克的纸币上盖上印章，代表这张纸币直接变成 10 亿，也就是说一张纸币的价值直接升值了 100 万倍。

1923 年，德国马克完全变成了废纸，被人成捆丢进壁炉烧火取暖。货币彻底崩溃，失业空前严重，有 700 多万人在这场危机中失业。政治上动荡不安，社会大众一夜之间沦为赤贫，政府信用扫地，一代人的价值观被摧毁，这奠定了十年狂热支持纳粹党上台的“群众基础”。

可以说，1923 年的恶性通货膨胀是颠覆德国民主共和国的元凶，也是引爆第二次世界大战最早的导火索。然而，历史却有着惊人的相似，“二战”后德国再度爆发恶性通胀，导致货币制度崩溃。

“二战”后德国的恶性通货膨胀

希特勒发动了第二次世界大战，用闪电战迅速占领了欧洲许多国家。但在 1945 年 5 月 8 日德国彻底投降。

1945 年，在战争结束前的最后几周，德国国防军参谋长海因茨·古德里安将军试图说服希特勒：“元首阁下，一切胜利的希望都已化为泡影，继续打下去是徒劳无益的。趁德国战场上还有一些作战部队时就投降，这会给德国人民留下一条生路。”

希特勒却说：“如果我战败了，德国人民就得陪绑，这个民族就会沦为一个低贱民族，德意志民族也将灭亡，这是必然的，没有必要考虑人民的生存基础。”

于是，希特勒发布了一道命令，摧毁一切军事和工业设施、交通运输系统和食品库。希特勒计划在德国最终毁灭时，把一度曾经是欧洲最伟大和最强盛的工业国变成荒芜人烟的废墟，让那些活下来的人也将丧失生机。

纳粹军备部长没有执行希特勒的命令进行全面的破坏计划。因为，以美英为首的盟军从西线进攻，苏军从东线进攻，它们以猛烈的地面和空中火力，已经把德国的山河夷为了“焦土”。

“二战”结束后，根据波茨坦会议的决定，德国一分为二，东部归苏联占领，西部由美英法三国共同占领。首都柏林也被一分为二，统一的德意志不复存在。

战争夺去了德国的一切，包括生产和生活，整个德国都在战争中被毁灭。

在联邦德国，幸存的人挣扎在死亡线上。整个生产和分配体系已瘫痪。人们失去了家园，没了住房，挤在破烂不堪的防空洞里，战争把许多城市都变成了废墟。

在拥挤的医院里，几十万伤残人员没有止痛药。人们失去了存款和养老金，人们也不愿意为得到毫无价值的帝国马克而生产，工业瘫痪了，德国经济处于全面崩溃的境地。

有人统计，即使每天清除 1 000 吨碎石，也得花 30 年的时间才能把柏林清理干净。重建这些居民点也要用几十年的时间。饥饿笼罩着整个德国。战后德国的通货膨胀极为严重，从 1935

年到1945年，现金流通由63亿帝国马克激增到730亿帝国马克。银行存款由300亿增加到1 500亿帝国马克。德国的公共债务由150亿帝国马克上升到4 150亿帝国马克。

没有一个人对通货有信心，工厂主和商人们宁愿储存货物也不要现金。黑市开始盛行，人们以物易物，美国的吉祥牌香烟充当了货币。德国马克已变成一堆废纸。这时“卷烟经济”出现了。由于德国的通货膨胀太过严重，美国的卷烟成了德国人认可的为数不多的有价值的东西。货币体系名存实亡，恶性通货膨胀使德国经济陷入瘫痪。

联邦德国的货币改革

1948年6月20日的前几天，几队由美军护送的卡车停在了法兰克福的帝国银行大厦前，一些大木箱子被装上了车。每队的运货卡车都由军车护送，车上都配备了重机枪，由美国士兵把守。车子完成装车任务后，就从法兰克福开向了四面八方。

这些大木箱里，装有在美国印制的500吨新联邦德国马克。军车把这些新货币运往联邦德国各地的银行和邮局。这是一场前所未有的币制改革。

1948年6月20日，新联邦德国马克取代了毫无价值的旧帝国马克。这次更换货币行动无疑是给一个国家的经济输血。

按当时的兑换率，这些联邦德国马克约值6亿美元。事实上，这等于使2 400万成年的德国人中，每一个人用毫无价值的

60帝国马克换得25美元。

新马克的大小、质地、印刷及颜色都很像美元，这并不奇怪，因为它是由美国华盛顿制币厂印制的，然后运到德国的法兰克福。

这次货币改革创造了金融奇迹。因为联邦德国马克没有一两黄金做后盾。要说后盾，那就是美国的信誉，只要人们都相信并愿意接受联邦德国马克有价值，新货币的发行就算成功了。但是谁有把握呢？大家都捏着一把汗，万一联邦德国人不接受这种新货币，那币制改革就失败了。

1948年6月20日上午，第一批联邦德国马克开始发行，每人只允许用40帝国马克换40联邦德国马克，第二次换20联邦德国马克。他们故意使联邦德国马克的发行量不足，从而帮助提高它的信誉。

没想到的是，本来商店里空荡荡的货架上，几个小时后就摆满了商品，各式各样的商品重新出现在市场上，公众对这种情况又喜又怒，他们喜的是能再次买到东西，怒的是竟然有人囤积食品。

这次货币改革相当于在财政上动大手术，它使德国人的存款、证券和现金的价值都下降了93%，币制改革可以说是创造了奇迹，当然也存在不公平现象。凡是有房产和资产的人在这场换币运动中都较为合适，而拿着现钞的人则损失惨重 。

改革后，经济生活开始活跃起来，黑市衰落，“卷烟经济”也瓦解了，联邦德国人破天荒地拿出作为货币的香烟点上抽了起来。

币制改革前，联邦德国人处于半饥饿状态。改革后，人们有钱就可以买到东西，联邦德国人开始努力工作，他们赚到马克后就大吃大喝，只要有钱就可以吃个痛快。仅一年的时间，联邦德国人就比英国人吃得好了。因此伦敦各大报纸纷纷发表社论，他们反问：究竟是谁赢得了这场战争？

经过一代人的努力，联邦德国再次成为世界上的经济强国。

德国恶性通胀的启示

启示一：作为政府不可以为了短期解决困难，就启动印钞机，让公众失去信心，没了足值货币，没有人愿意投入生产，经济就会崩溃。

启示二：1948 年联邦德国的货币改革，彻底降服了为害德国数十年的通胀恶魔，德国经济从此走上坦途。通胀的惨痛教训让德国人铭记终生。

启示三：德国中央银行，也就是德意志银行完全独立于政府之外，严控货币数量，联邦德国马克一直是仅次于瑞士法郎（当时以 100% 黄金为保证）的世界硬通货。马克后被欧元取代。欧元发行后，欧洲央行就设在德国。可以说，是马克托起了德国，又托起了欧元。

德国的通胀让我们看到，货币仅仅是一种交换的媒介，当人们都不再信任一种货币时，货币就变成了废纸，香烟也可以代替货币。所以，政府最重要的职责就是保持一国币值的稳定。

20 世纪 90 年代苏联解体后，俄罗斯爆发了恶性的通胀，俄罗斯的恶性通胀是怎么发生的呢？

第 23 讲

俄罗斯的恶性通货膨胀

上一讲谈了德国的恶性通货膨胀，世界上另一个大国俄罗斯在 20 世纪 90 年代初也发生了恶性通货膨胀，造成了恶劣影响。

俄罗斯的前身是苏联，苏联最早叫俄国。俄国从 1855 年开始就致力于现代化的改革。俄国的人口有 1.75 亿，超过当时美国和德国人口的总和。在“一战”前俄国成了一个强国，它有庞大的人口和辽阔的疆域。

1917 年 11 月俄国爆发了革命。在列宁带领下，俄国推翻了专制王朝，打倒了沙皇，共产党掌握了政权。俄国改名为苏维埃社会主义共和国联盟，简称苏联。

列宁去世后，由斯大林领导，“二战”后苏联和美国展开了军备竞赛。从 20 世纪 50 年代到 20 世纪 60 年代，苏联的重工业生产成倍增长，人民生活得到了彻底改善。苏联在核武器上下功夫，实验了原子弹，让卫星上天，在航空和航天领域都能和美国一决高下。

苏联解体的过程

在苏联解体之前，她是唯一可以和美国抗衡的超级大国。苏联解体后诞生了俄罗斯，没想到，新生的俄罗斯却不堪一击，发生了恶性通货膨胀。

20 世纪 90 年代初，民主德国和联邦德国统一，东西方冷战结束，令人大跌眼镜的却是苏联这个强国解体了。戈尔巴乔夫作为苏联最后一位国家领导人，准备在苏联搞改革，实行市场经济。但没想到的是，这场改革让苏联四分五裂。1991 年 12 月苏联解体，分为 15 个加盟共和国。苏联解体后，俄罗斯取代了苏联，叶利钦也取代戈尔巴乔夫，登上总统的宝座。

在叶利钦的领导下，俄罗斯开始改革，制定了 500 天的改革计划，他们想把俄罗斯从计划经济变成市场经济。但是，这场改革让俄罗斯走上了一条动荡不安、民不聊生的道路。困扰着俄罗斯最大的问题就是通货膨胀问题，卢布贬值严重，国民生活苦不堪言。

俄罗斯的“休克疗法”

中国从 1978 年开始改革，中国的改革模式是渐进式的改革，我们是摸着石头过河，在实践中摸索前进，到今天已经改革开放了 40 多年。而俄罗斯认为中国这样的改革太慢了，俄罗斯的改革要求一步到位，采用的是激进的“休克疗法”。

什么叫“休克疗法”？就是用一个晚上的时间来完成从计划经济向市场经济的过渡，让病人在休克状态下被救活，醒来时市场经济体制就形成了。

“休克疗法”不是俄罗斯人自己想出来的。自从 1991 年苏联解体后，人们缺吃少穿，经济停滞不前。这时西方经济学家为俄罗斯经济把脉，开出药方。他们建议，对俄罗斯这样的国家就要用“休克疗法”，进行激进改革才行。

俄罗斯政府接受了西方经济学家的建议，在改革上采取了这个极端的方案，使用了“休克疗法”，它试图让俄罗斯的市场经济在一夜之间形成。

俄罗斯政府给每个国民都发了一张券，这张券的面值是 1 万卢布。人们拿到这张券可以用于任何经济领域。想买股票就买股票，想消费就消费。总之，政府不再干预。就这样，前一天晚上苏联还是社会主义的计划经济，到了第二天早上俄罗斯就变成了市场经济。

理想很丰满，但现实很骨感。这么庞大的国有资产需要一个漫长的变现过程，但俄罗斯政府不由分说就给每个人发了 1 万卢布的券。就这样把国有资产分给了每个人。俄罗斯究竟有多少国有资产呢？它是怎样卖的呢？俄罗斯政府认为这样可以省下改革过程的痛苦，并认为长痛不如短痛。

就这样，俄罗斯全面放开了价格，以无偿的方式推行大规模私有化，实行外贸自由化和卢布的可自由兑换。这种“休克疗法”带来的阵痛是显而易见的，俄罗斯的经济连年萧条，物资匮乏，人们的生活水平大大下降。

本来俄罗斯的农业和轻工业都很落后，物质产品和生活必需品都供给不足。俄罗斯有1亿多人口，每人分了1万卢布的券，这样凭空多出1万多亿卢布的票子来，却没有东西可以买。改革给俄罗斯经济带来了灾难，随之而来的就是通货膨胀。随即，俄罗斯的通胀从奔腾式的通胀发展了到恶性通胀。

俄罗斯奔腾式的通货膨胀

1991年年底，我去德国留学，途经莫斯科转车。我坐着火车走了六天六夜，才到达莫斯科。在莫斯科下了火车，我看到了莫斯科郊外晚上的美景，真像歌里描述的那样。莫斯科河十分宽阔，河水荡漾，红场壮观，教堂更是庄严。

我到莫斯科的时候它还是苏联，我离开莫斯科后就变成了俄罗斯。我正巧赶上了苏联末期的通货膨胀。莫斯科大学的教授每月挣800卢布，在20世纪80年代，苏联的1卢布可以换2美元。我去的时候，100卢布才能换1美元，卢布贬值200倍，相当于他们每月只挣8美元。在莫斯科我见证了什么是奔腾的通货膨胀，很快就演变成了恶性通货膨胀。

当时我在国内的月薪是100元人民币，人民币对美元的汇率是1：2.9，100元人民币相当于34美元。由此可见，我比莫斯科大学教授的生活幸福多了，我的购买力是他们的4倍之多。我所到之处见到的莫斯科人都是一脸严肃。

莫斯科的商店里空空如也，什么吃的东西都买不到。街头每人都在排队买牛奶和面包，面包没了大家就去排队买牛奶。牛奶没有了，就去排队买土豆。店里的蔬菜只有胡萝卜和洋葱。

苏联当时计划经济十分严格。一条丝巾从工厂生产出来就打上了价格，如果定价为 15 卢布，运到了莫斯科商场里就卖 15 卢布，没有加运输费，也没有加任何额外的费用。据说一个面包的价格，从 1950 年定好价后，40 年都没有变化。

以至苏联人根本没有价格概念。莫斯科红场旁边几个大商场的门外站着两排人，他们手里拿着自家的油画、貂皮大衣、钟表等等，当有人走过去问，这个钟表多少钱？他们不会回答。因为商品的价格都是国家定的，他们也不知道应该是多少钱。此外，他们也不会讨价还价，买家的出价就是卖价。这一切都源于苏联僵硬的计划经济。

俄罗斯的恶性通胀

“休克疗法”给俄罗斯造成了巨大灾难。一切全都乱套了，计划经济体系被打破了，新的市场经济体制还没有建立，这使得社会生产全面大幅下降。

1992 年，国内生产总值下降了 14.5%。就是说，俄罗斯人干了一年，经济不但没有增长，反而下降了。基础建设投资下降了 40%，恶性通货膨胀使俄罗斯居民的存款化为乌有。

1992 年，俄罗斯的通货膨胀率达到了 2 500%。商品的价格在一年之内上涨了25倍。政府给每人分发的1万卢布的券如果存着没花，到1992年就只剩下400卢布了。物价飞涨几乎把俄罗斯人民剥夺得一无所有。

莫斯科街头有这样一幅漫画，排队的顾客对着一位正在切香肠的女售货员大叫："快一点儿，快一点儿！"她切的第一片标价是1 000卢布，第二片2 000卢布，第三片3 000卢布。这幅漫画比喻俄罗斯通胀上升速度之快。俄罗斯人变卖所有家当为了糊口，食品价格上涨速度飞快。1991年，俄罗斯GDP的增长率是负的5%，通胀率是160%；1992年，俄罗斯GDP的增长率是负的14.5%，通胀率是2 500%。

俄罗斯的经济从1991年的温和通胀走向奔腾式通胀，到了1992年就演化为恶性通货膨胀。俄罗斯国民财富彻底蒸发。

自从普京总统上台后，制定政策治理通货膨胀，现在的通胀已经降回到温和的通胀，即10%以下的通货膨胀率。

由于多年来的通货膨胀困扰，到现在俄罗斯人都不敢把钱存入银行。他们把钱装进一个布袋，上班时拎上钱袋子，放在身边，然后开始工作，下班时再拿走。只要一听到通货膨胀的消息，他们要做的第一件事就是冲进商场把东西买回家。

俄罗斯恶性通胀的教训

一是改革要走自己的路，不能轻信国外学者的建言。"休克疗法"让俄罗斯经济受到重创，卢布贬值、物价飞涨、人们基本生活不能保障。恶性通胀使国民财富彻底蒸发。

二是政府的经常性支出不够，不能发钞，否则就会出问题。俄罗斯政府用发钞的方式给公务人员发工资，导致了卢布贬值。

三是政府通过发钞的方式把中产者变成无产者。俄罗斯独立后的十年改革中，出现四次大的通货膨胀，本国国民的财富荡然无存，所有的中产阶级都变成了无产者，他们一生的积蓄在瞬间被通货膨胀蒸发了，凡是持有卢布的人财富都大大缩水。

2009 年津巴布韦也发生了恶性通胀，津巴布韦的通胀是怎样发生的呢？

第 24 讲
津巴布韦的恶性通货膨胀

上一讲谈了俄罗斯的恶性通胀，这一讲谈津巴布韦的恶性通胀。津巴布韦是南非边上的一个小国，资源丰富，物产富饶。然而，津巴布韦却在 2009 年发生了恶性通胀，它发行了世界上最大面值的纸币：100 万亿津巴布韦元（简称津元），实际购买力却只有 20 元人民币。

津巴布韦恶性通胀产生的原因

20 世纪 80 年代，在津巴布韦独立之前，它是非洲最富裕的国家之一，被人们称为“非洲粮仓”。这片土地种植的粮食养活了不少非洲饥民。它的 GDP 增长率曾连续两年高达 21%。良好的工农业基础和较高的受教育水平，使得津巴布韦曾经被大家认为是最有希望进入发达国家行列的非洲国家。

当时的津元甚至高于美元，汇率是 1∶1.47。也就是说 1 津元比 1 美元还贵。因为津巴布韦的经济增速高，货币就很值钱。这儿的一切都是美好的，富饶的土地，丰富的资源，成熟的制度。

但在 1980 年之后，它却突然陷入了恶性通胀。

恶性通胀是由于津巴布韦政府强制推行的土地改革导致的。从 1890 年的殖民地时代开始，英国白人就大量占据津巴布韦的土地。直到 1980 年津巴布韦独立时，仍有 4 500 名白人农场主占据了全国 75% 的土地，700 万黑人只占有剩下 25% 的土地，津巴布韦政府决定推行土地改革。刚开始推行“土改”时得到了英国政府的大力支持，英国政府向津巴布韦政府提供了大量资金，使白人农场主侵占的土地以赎买的方式回到黑人的手里。

但这项政策执行没多久，英国政府就发现，无论投入多大的资金，都被津巴布韦政府截留了，并且变成政府高层的私人财产。而底层人民的生活仍然苦不堪言。愤怒的英国政府停止了资金援助，这时的津巴布韦政府则采用更为极端的方式——不给钱的暴力“土改”。

从 2000 年开始，在“土改”的近十年期间，1 400 万公顷的白人土地被强行收回，白人农场数量从 4 500 个就锐减到 400 个。被收回的土地没有还给普通农民和农场工人，而是落到了高级军官的手中。这就破坏了原有的经济体系，引发了粮食危机。津巴布韦的农业、旅游业和采矿业一落千丈。资本家纷纷撤离，津巴布韦的工业生产陷入瘫痪；农业方面，底层的黑人空有土地，却没有钱购买种子和生产农具，这个曾经的“非洲粮仓”竟然让本国人民处于饥饿状态。

紧接着，英美等国开始对津巴布韦实行经济制裁。津巴布韦政府走投无路，发行了大量货币，以求饮鸩止渴，由此引发了恶性通货膨胀。

津巴布韦的印钞和恶性通胀

2001 年前，津巴布韦还使用 500 津元的钞票。由于通胀率过高，津巴布韦政府开始印刷大面额钞票。

从2001年的500津元增加到5 000津元、1万津元和2万津元。2009 年 1 月后，世界上就没有哪个国家钞票的面值能超过津元了。津巴布韦政府发行了世界上最大面额的钞票：10 万亿津元、20 万亿津元、50 万亿津元和 100 万亿津元（14 个 0）。100 万亿津元换算后，却仅为 20 元人民币。恶性通胀彻底击垮了津巴布韦的货币体系。

在津巴布韦，出租车的起步价为 100 万津元，点一份鱼香肉丝是 1.2 亿津元。一个出租司机说：“是的，我是一个百万富翁，但是一个什么也买不起的百万富翁。我们现在遍地都是百万富翁，但我们一无所有。”

津巴布韦的低收入家庭，每月最低生活费已升到 4 100 万津元，可工人每月只能挣到 400 万津元，仅仅是 1/10 的生活费！不仅如此，津巴布韦的失业人口高达人口总数的 80%。

有人告诉媒体：“这里太可怕了。你必须在喝咖啡之前付钱，如果你等了几分钟之后就会涨价。”“人们手里有现金，就得马上花掉，因为同样一笔钱，等到第二天就买不到同等的商品了。”一包香烟的价格在前一天晚上可能是 25 亿津元，到第二天早上就变成了 225 亿津元。

2008 年，津巴布韦汇率跌至 1 美元兑 1 000 亿津元，厚厚一沓纸币凑够的 1 000 亿津元却只能买到一个面包。价格每天至少上涨两次。

2009 年 1 月，津巴布韦央行印出了 100 万亿面值的钞票。这是目前世界上最大面值的货币。

2009 年 4 月，津巴布韦的央行无法支撑本国货币经济，不得不放弃津元，让美元、欧元、英镑、南非兰特、人民币、日元、澳元、印度卢比等 9 种货币共同流通。一国在经济恶化的情况下，同时存在 9 种法定货币，这是非常罕见的。

2015 年，津元正式贬值为零。

2018 年，津巴布韦出现了新的通胀和恐慌，商店的货架都空了。市民们开始疯狂囤积面包、牛肉、食用油以及其他生活必需品。

津巴布韦恶性通胀的教训

一是政府对土地的无偿剥夺是极其错误的。产权清晰明确是一国经济发展的重要保障，如果做不到，就没有人敢投资，外资无法注入，国民也不再把手里的钱存进银行。

二是本国政府的作用是维持正常的经济和社会秩序。政府的存在，不是从国民手中抢资源，而是要维持正常的经济和社会秩序，鼓励每一个人努力工作，而不是坐享其成。只有政府制定好的政策，维持正常的秩序和提供公共物品，这样才有人愿意投资，国民才有工作，生产和生活才能更加有序，经济才能发展，人们的收入水平才能提高，国家才能富强。

三是恶性通胀将导致生产、生活的停滞。恶性通胀的最直接的结果就是没人愿意再工作，因为工作的报酬无法支付生活的开支。也没有人愿意进行贸易，因为收回的都是日益贬值的货币。而这一切，最终将导致生产消费和分配活动的停滞。

四是货币供给并不是越多越好，而是越足值越好，越稳定越好。俗话说，物以稀为贵。当货币多到要拿筐装，那谁还要货币呢？津巴布韦的出名不因为它的富强，而是因为它发行了世界上最大面值的货币。

五是政府发钞是饮鸩止渴。一国经济不好，没有税收，政府不想别的解决办法，却疯狂印钞。这种行为看似解决了今天的问题，却为明天的通胀埋下了祸根。

我们说津巴布韦恶性通胀的罪魁祸首是政府，一国的经济体系被打乱了，用不断印钞来解决问题，使得国民不再信任本国货币，最终导致本国货币退出历史舞台。

货币作为一种交换媒介，关键在于与生产是否匹配，如果不能创造财富，那么通货膨胀就是不可避免的。

一国通货膨胀率是怎样衡量的呢？我们说，用物价指数来衡量。

那么，物价指数又是怎么统计出来的？

第 25 讲

如何衡量通货膨胀

前文谈了通货膨胀的理论和恶性通胀的案例，但一国的通胀率到底有多高，普通百姓怎么能知道呢？用什么方法来衡量通货膨胀呢？

这一讲谈价格指数，了解价格指数，才能了解通货膨胀率，才能知道手里的钱是升值还是贬值了。

价格指数

用什么来表示一国的价格水平？我们说用价格指数。一国商品多达几亿个品种，有些商品价格涨，有些商品价格跌，面对这么多商品价格的涨跌，应当怎么判断呢？于是，人们就研究出价格指数，用它来表示商品价格水平的变化。价格指数，就是物价总水平上升的一种趋势。

在价格指数的编制中有两个重要概念，一是加权，二是基期。

什么是加权？加权就是把一种商品对人们生活的相对重要

性表现出来。

例如，计算机和大米，这两种商品哪一种对我们更为重要？如果是大米更为重要，我们就要给大米加权重。哪一种商品的价格变化对你的消费支出影响大，就给它较大的权重。影响小的就会给小的权重。

什么叫基期？基是指统计基数，期是指统计时限。例如，一个消费者在2010年他花费1 100元能买到一个商品，2009年只花费1 000元就能买到同样的商品，价格水平上升了10%，这个结果就用价格指数表示。为了便于比较，价格指数必须给定一个年份作为基期的价格水平，否则就无法比较。

我国在制定价格指数时，一定要先选一个基期年份，后面的年份都叫报告期，它们的比较就是价格水平。

用公式表示：

价格指数 = 基期价格水平 : 报告期价格水平

了解价格指数，一定要知道它是以哪一年为基期的。

人们常用价格指数表示一国的通货膨胀率。通货膨胀率 = 价格指数 –100。如果算出103是价格指数，减去100，今年的通货膨胀率就是3。也就是说，去年的100元，今年只能买到97元的东西了。

我国通常公布的价格指数有两个：一是商品零售价格总指数，它是反映城乡商品零售价格变动趋势的一种经济指数；二是CPI，它是一种反映居民购买生活消费品价格和服务项目价格变动趋势和程度的价格指数。

这两个指数有什么区别呢？商品零售物价总指数里，只包括消费品和农用生产资料的价格，消费价格指数包括商品和劳务的价格。

在我们的生活支出中，既有买生活必需品的支出，还有一部分是劳务支出，因为有人为我们提供了服务，这部分需要支付费用，而服务的费用在逐年上升。

我国原来只核算商品零售物价总指数，从 2001 年起，我国采用国际通用做法，每月都编制并公布价格指数。以 2000 年价格水平为基期的消费价格指数，我国也把 CPI 作为衡量通货膨胀的主要指标。

关于零售物价总指数，我国沿用了很多年，这里我先介绍这个指数，消费价格指数和它大同小异，当你知道了零售物价总指数，你就能理解什么是消费价格指数。

我国价格指数的编制方法

我国价格指数的编制（指商品零售物价总指数）一共分为六个步骤。

（1）指数的分类：分为六大类。包含食品、衣着、日用杂品、文化用品、医药、燃料。在每一个大类中，又分出若干小类。比如，食品分出四个小类：粮食、副食品、烟酒茶和其他食品。粮食小类中又分出细类：细粮和粗粮。细粮又分出大米和面粉。有人会问，全国人民是吃米的人多还是吃面的人多？

如果吃米的人多，那么就给米加上权重。

我国的物价指数就是这样算出来的。先分出六大类，然后算出这六大类的权重各占多少，加起来是100%。当然，在中国，食品占的权重最大。

在编制价格指数时，重要的是选出每一类的代表品。比如，如果在中国吃米的人多于吃面的人，就给米加权60%，给面加权40%，加起来是100%。

有人问，现在人们是穿皮鞋还是穿布鞋？如果穿皮鞋的人多，那皮鞋就是代表品。人们是用手机还是用座机？如果用手机的人多，那手机就是代表品。人们是用笔记本电脑还是台式电脑？如果用笔记本电脑的人多，笔记本电脑就是代表品。人们是乘公交车还是开汽车？如果乘公交车的人多，那公交车就是代表品。教育支出占多少？燃料费用占多少？读书费用又占多少？这些都要选出代表品，并确定它们的权重是多少。

我国的国家统计局选出300多种代表品，把这种代表品每一月、每一季度、每一年的价格折算成价格指数定期向社会公布，就是官方的价格指数。

统计局是先编制小类指数，再编制大类指数，最后编制出物价总指数。

（2）代表品的选择：每年轮换5%，选择有代表性的商品。

（3）典型地区的选择：富裕和贫困地区，发达地区和贫困地区。

（4）商品价格的确定：春夏秋冬商品价格不一样。

（5）固定权数的确定：如果权数确定下来，一个基期内都不能变。

（6）基期选择：我国尽量选一个平年作为基期，什么叫平年？就是不好也不坏的年份，不丰收也不歉收，可是在10年中选出来一个平年来很不容易。

西方国家衡量通胀率的指标是CPI，我国现在也用CPI来衡量通货膨胀率。我国的CPI核算包括八大类，它比零售物价多出两大类，具体算法和以上相同。

需要记住的几个概念

我们在运用价格指数时，必须注意它们是通过什么方法求得的，以哪一年为基期。我国采用的是报告期加权法。

环比，指的是这个月和上个月的价格之比，如果这个数字变化大，就需要注意了。假定物价环比上涨了1个百分点，那一年下来就是12%，这时问题就严重了。

同比，指的是今年此时和去年同期之比。例如，2019年2月物价水平同比上升了2个百分点，说明是和2018年2月之比。

可比，指的是一个基期内的统计数据之间是可比的，因为它们都和基期相比。例如，2010年是基期，每一年报告期都和基数相比，这样从2011年到2015年的数据就可比。

不变价，指的是计划那年定的价格。三峡工程计划价是2 000亿元人民币，但如果买原材料的价格变了，那么也必须追加费用。

我国价格指数是怎么统计的?

我国是以抽样调查的方法来编制指数的。

商品零售价格指数，有专门的调查员去市场调查。有 353 种商品作为代表品，调查员去采价格，和去年的数据比较，算出每一种商品的价格指数，每种商品的权数不一样。选样本是看这种商品用的多不多。如果使用的人很少，就必须轮换代表品。但代表品每年轮换 5%。

CPI 按标价来统计，就是市场标出的价格。每个月都出数据，有 325 种代表品，这个指数是用环比算出来的。我国的 GDP 总量是按现价算出的；而公布的增长速度是按可比价计算的。如，我国 2018 年 GDP 是 90 万亿元人民币，这是所有商品现价的总和，包含通货膨胀。而增长速度 6.5% 是可比价格，是它和基期之比。统计局是怎样抽样调查的？全国选出 2.4 万户家庭作为调查户。每家都需要填写厚厚的一沓资料，你的钱究竟是怎样支出的?

也许有人会问，国家统计局公布的价格指数怎么和我们感受的不一样呢？需要指出两点：一是我国公布的价格指数中，不统计房价的涨跌，计入价格指数的只是房租价格。二是石油和成品油不计入物价指数，因为石油属于能源，它的价格随着季节不断波动。

现在大多数国家都用 CPI 来衡量一国的通货膨胀率，当你看到价格指数上升时，就说明一国的通货膨胀来了。百姓的生活质量很可能会下降。

各国都用价格指数来表示本国的通胀率。我国有两种价格指数，一个是社会商品零售物价总指数，另一个是CPI，当我们看到CPI时，就能了解我国通胀率的高与低。

如果一国发生了通货膨胀，究竟是谁在为通胀买单呢？

第 26 讲

谁为通胀买单？

前文谈了几个国家的恶性通货膨胀，这些案例让我们充分了解到恶性通胀的危害。有人会问，中国发生过恶性通货膨胀吗？事实上，在新中国成立之前，国民党统治时期我国也发生过恶性通货膨胀。

国民党时期的汇率改革

国民党时期的汇率改革，也就是法币兑换伪币。在 1945 年，抗日战争结束时，国民党政府接受了日伪资产，它想恢复全国的经济秩序，这里就有统一货币的问题。

抗战时期，中国分为国统区和沦陷区。国统区指的是国民党控制的地区，主要是西南、西北地区。沦陷区指的是被日寇占领的地区，包括华北大部、东北地区、长江中下游、东南沿海等地区。

国统区使用法币，沦陷区使用中储券。中储券作为一种伪币，必须废除，可是要怎么确定法币和伪币的兑换比例呢？

按市场上的物价比例，两种货币的比例大致是 1∶30 到 1∶50。如果参照这个比例，沦陷区的百姓是可以接受的。当时的沦陷区是我国经济中最精华的部分。

但在 1945 年 9 月 27 日，财政部公布的法币与伪币比率，竟然是 1∶200，这让沦陷区的伪币贬值为原来的五分之一到四分之一。

对于这个兑换比率，国统区民众和官员欣喜若狂，沦陷区的民众则欲哭无泪。沦陷区民众一夜之间倾家荡产。

于是有钱人到沦陷区收购物资炒作，没钱人拼命购买物资囤积。结果，抗战刚胜利，沦陷区就陷入物价难以控制的地步，埋下恶性通货膨胀的导火索。

抢购黄金风潮

为了保住法币的地位，国民政府想出一招，就是允许国人用法币兑换黄金。

1946 年 3 月 8 日，中央银行将库存黄金按照市价，在上海市场大量配售。于是大量资金像潮水般涌入上海，富人动用关系大量抢购黄金。各地银行也纷纷抢做上海的汇款，有的人还包机运送款项到上海抢购黄金。

面对如此的黄金投机，国民政府不但没有采取措施，反而以支持生产的名义，下令中央银行发放生产贷款，然而这些公司拿到贷款后不去生产，而是立刻去抢购黄金。中央银行虽然每日都在抛售金条，但黄金上涨幅度越来越大。最后上海的库存黄金用完了，就租用飞机将重庆的库存金条运来救急。但在庞大的抢购黄金的浪潮面前，运来的黄金如同杯水车薪，无济于事。

仅 1947 年 1 月 30 日这一天，就抛出 1.9 万块金条，中央银行已捉襟见肘。

2 月 15 日，国统区央行宣布停止抛售黄金。顿时，上海黄金市场只有黑市，没有牌价。没有黄金支撑的法币就如同一张废纸。黄金一停售，物价立刻狂涨。

1937 年，100 元法币可以买两头牛。

1941 年，100 元法币可以买一头猪。

1945 年，100 元法币可以买一条鱼。

1946 年，100 元法币可以买一个鸡蛋。

1947 年，100 元法币可以买 1/5 根油条。

1948 年，100 元法币可以买两粒大米。

到 1948 年，法币发行额增至 600 万亿元，比日本投降时增加了 1 000 多倍，比抗战前夕增加了 30 多万倍。

1948 年 5 月，国民政府决定进行币制改革。

金圆券的发行

金圆券是国民政府发行的一种纸币，于 1948 年 8 月 20 日开始发行，历时 10 个月，是中国历史上贬值速度最快的一种货币。

国民政府本来想用金圆券方案摆脱困境。可新印金圆券时间已来不及，恰好中央银行里还存有新印的钞票，数量足够。于是就用飞机密运到各个城市，作为金圆券发行。

1948年8月20日颁布《金圆券发行办法》，主要内容有四条：

第一条，金圆券每元里面都含有纯金，由中央银行发行，面额为1元、5元、10元、50元、100元五种，发行总额是20亿元。

第二条，金圆券1元折合法币300万元，折合东北流通券30万元。

第三条，私人不得持有黄金、白银和外汇。违反规定者，一律没收。

第四条，全国各地物价按照1948年8月19日以前的水平冻结。

可以看出，国民政府是想用发行新币和限制物价这两种政策，双管齐下来挽救日益严重的经济危机。

1948年8月23日，金圆券发行第一天，上海、南京、杭州等地的银行门前非常热闹。由于人们害怕手中的黄金、白银被国民政府没收，只好拿金银外币到银行去兑换金圆券。由于国民政府的铁腕措施，普通百姓和金融资本家被迫就范，这使得资金市场与商品市场在币制改革后的40天里，出现了“奇迹”。外汇取得了一定进展，利率有所下降，商品价格也都控制在金圆券发行前的水平。

很多人为此欢呼雀跃，认为这场币制改革成功了。然而好景不长，因为这里潜伏着巨大的危机。

金圆券导致的恶性通货膨胀

商品限价后，商家虽不敢涨价，却不进货了。于是商品市场日渐枯竭，北平的所有粮食店、油盐店都空空如也。上海的商店纷纷借此歇业，百姓生活的粮食肉类都买不到了，这使得人心空前恐慌。

面临物价狂涨的局势，国民政府放弃价格限制，承认币改失败。

截至 1948 年 11 月 9 日，金圆券已发行 19 亿余元，与法定 20 亿元限额非常接近。可打仗需要钱，军队费用在增加，军方请求国民政府放宽发行限额，否则军队难以为继。

于是，国民政府取消金圆券发行最高限额，发钞不受限了；还准许人民持有外币，由原来 1 美元折合 4 金圆券，变成 1 美元折合 20 金圆券。这就让金圆券瞬间贬值为原来的五分之一。

一听说可以拿金圆券换黄金，各个银行门前人们争相挤兑。1948 年 12 月 23 日，上海有 10 万人挤兑黄金，导致多人死伤。

金圆券发行限额放开后，货币发行一泻千里。到 11 月底发行 32 亿元，12 月底达到 81 亿元。许多地方都发生了严重钱荒。

1949 年 4 月，金圆券发行到 5 万亿元，5 月发行到 67 万亿元，6 月发行到 130 万亿元，是 1948 年 8 月发行金圆券的 24 万倍。

钞票面额越印越大，100 元、500 元、1 000 元、5 000元到 1 万元、5 万元、10 万元、50 万元、100 万元的大钞，当时的国统区百业凋零，唯印钞业“欣欣向荣，一枝独秀”。

金圆券贬值速度非常之快，人们拿到金圆券就去抢购东西。抢米风潮一浪高过一浪。据统计，全国有 40 多个城市出现抢米风潮。

到 1949 年 5 月，金圆券几乎不再具备任何购买力。500 万元的金圆券相当于 1948 年 9 月 1 元钱的购买力。此时的上海，购买 1 粒大米就要 130 多元。

金圆券发行 10 个月的贬值速度，比法币发行 14 年的贬值速度还要快得多。一位评论员这样说：国民政府一只手拿出一片纸，另一只手好像变戏法一样，就把人民的财富搜刮一空了。

百姓痛骂执政国民党是“刮民党”，金圆券发行一年后就彻底改朝换代了。

谈谈恶性通胀

同样都是 1948 年的币制改革，为什么“二战”后德国的币制改革成功了，而国民政府的币制改革却失败了呢？

第一，德国央行一直控制着货币数量，国民政府的中央银行却是无限印钞，把印钞变成敛财工具。

第二，德国政府是放开物价，国民政府却是控制物价，为了掩饰通货膨胀。但物价一旦放开，恶性通胀就会产生。

第三，通货膨胀究其根本原因是政府不负责任。国民政府通过发钞解决了自己的难题，工资和军饷都发了出去，但没有创造财富，光印钞票是解决不了问题的。

第四，俄罗斯、津巴布韦和国民政府如出一辙。用印钞解决难题，结果国民财富被洗劫一空。

讲完通货膨胀后，我们谈金融危机和债务危机。

金融危机是怎么产生的？

索罗斯又是怎样导演了亚洲金融危机的？

金融危机

1997 年的亚洲金融危机、1998 年的俄罗斯债务危机、2007 年的美国次贷危机、2008 年的美国金融危机，以及 2010 年的欧洲债务危机，这些危机都是怎么爆发的？给我们带来了什么启示？

第27讲
索罗斯出山

这一讲谈国际金融投资家索罗斯，看他是怎样攻击各国汇率体系的。

求学英国的索罗斯

说到亚洲金融危机，不能不提及一个人，他就是国际著名的金融投资家乔治·索罗斯。1930年，索罗斯出生在匈牙利首都布达佩斯的一个犹太人家庭。他们一家在“二战”中躲过了纳粹德国的暗杀，幸存下来。战后，索罗斯在匈牙利的生活十分压抑。他对父亲说：“我不想像你们这样生活，我想去英国。”17岁的索罗斯离开了家乡，准备到西方国家寻求发展。他先去了瑞士，又去了英国伦敦。

到了英国，索罗斯只能靠打工挣钱，干各种粗活以维持生计。在伦敦，他当过工人和餐馆的服务生，收入很少，每天都要工作，那时的索罗斯是贫穷而孤独的。

1949年，为了改变自己的命运，索罗斯考入伦敦经济学院国际金融哲学系。在学习期间，他逐渐对证券投资产生了兴趣，并把它作为今后的发展方向。

从伦敦经济学院毕业后，由于他没有任何社会关系，很难找到工作。于是，索罗斯开始给每一家商业银行写求职信，他甚至写信给银行的总经理。

就在索罗斯找工作的过程中，出现了很多有趣的事。有一天，一位叫华特·索罗门的人打来电话要求面谈。索罗斯十分高兴。没想到，那人打电话叫他去的目的是想告诉他，他把自己的名字拼错了。

最后，一位总经理告诉索罗斯："你想进伦敦金融圈，就好比缘木求鱼。"这位总经理说："在伦敦的金融圈内，我们采取的是一种所谓的'聪明裙带关系'。也就是说，每一个总经理都有很多侄儿、外甥，其中总有一位聪明的人会变成下一位总经理。"他建议索罗斯，最好远离伦敦的金融圈。

幸运的是，索罗斯终于在1953年获得了一份银行见习生的工作。

为了获得更多的机会，他决定到美国去。一天中午，一个叫梅尔的同事和索罗斯一起吃午饭。这个同事是从纽约来的，他的父亲在纽约拥有一家做股票交易的小型经纪公司。恰巧他们正想找人帮忙，梅尔就问索罗斯是否愿意去纽约。索罗斯立刻做出决定，离开伦敦到美国闯荡。

索罗斯到美国发展，成立量子基金

1956 年 9 月，索罗斯离开英国移居美国，开始了他的国际货币投机生涯。但他来到美国申请签证时，却被美国移民局的主管部门挡在了门外。

他们说，26 岁的索罗斯太年轻了，不可能成为专家。所以移民局不给他签证。这时梅尔的父亲老梅尔马上请人帮索罗斯写了一封推荐信给移民局。这封推荐信上这样写道："套利交易员一定得年轻，因为他们都在很年轻时就去世了。"

因为这个理由，索罗斯得到了签证。他看了这封推荐信说："我从来没有忘掉他的推荐词，我一定要尽可能脱离套利交易。"

什么叫套利交易呢？所谓套利，就是利用不同国家的利率来赚钱。他在纽约开始的第一份工作就是在国际套利部门做交易员，从一个国家买进股票，再在另一个国家卖出股票，赚取其中的差价。

刚到美国时，他在梅尔公司做一名套利交易员。由于苏伊士运河危机的爆发，石油价格大大上涨，他的石油股票生意因此收益颇丰。

随着欧洲经济的复苏，欧洲股票开始大幅上涨。当越来越多的美国人开始对欧洲股票感兴趣时，索罗斯就成了"行家"。一家公司慕名前来，请他担任欧洲证券分析师。

当时华尔街上的大银行和金融机构都对索罗斯的研究报告言听计从。因为，他们相信索罗斯能够给他们做出分析报告，告诉他们买哪只股票更赚钱。这是索罗斯事业生涯的第一次重大突破，他终于找到了发挥自己才能的地方，那就是金融市场。

1967 年，索罗斯成立了一家小规模的投资基金，叫“第一雄鹰基金”。1979 年更名为“量子基金”，更名时基金规模已接近 1 亿美元。他希望自己的基金像量子一样爆炸，且能量巨大。

日元升值，索罗斯赚钱

索罗斯认为，日本经济经过了 20 年的高速发展，日元的购买力比美元的购买力还要强。那么，日元升值和美元贬值是必然趋势。于是，索罗斯在 1985 年 9 月 6 日大量买进日元，抛出美元。

1985 年 9 月 22 日，美国、英国、法国、联邦德国、日本等五大工业国的财政部部长在美国纽约广场饭店开会。索罗斯得知这个消息后，意识到美元就要贬值了。于是，他持续大量购入日元。果然，五大财长通过了“广场协议”。

一夜之间，美元开始贬值，从 1 美元兑换 239 日元跌至 1 美元兑换 222 日元，索罗斯手上的日元大幅升值。索罗斯因此轻松赚到了 4 000 万美元。但他在第二天推开了交易所的大门，下令那些交易员立刻停止抛售日元，先别忙着兑现赢利。因为他判断，美元贬值的过程还会持续，现在卖出日元太可惜了。他要求继续购入日元。

不出索罗斯意料，美元继续下跌。到 1986 年，1 美元仅兑换 153 日元。这个过程中，索罗斯花了 15 亿美元，赚取了 1.5 亿美元。

英镑贬值，索罗斯赚钱

自从 1987 年以来，欧洲各种货币都与德国马克挂钩。这是因为德国经济强盛，马克比其他货币都稳定，有很好的购买力，欧洲人都愿意持有马克，不用担心它会贬值。

长久以来，英镑也是欧洲人愿意持有的货币，后来英国经济不好了，可英镑还和过去一样，英镑和马克兑换的汇率不变，二者的比率大约是 1：2.95。英镑不那么值钱了，马克却很值钱，但两者之间的交换汇率却没有变化，这意味着什么？

1990 年柏林墙被推倒了，东西德实现了统一。到 1992 年，德国的经济实力越来越强，马克越来越坚挺，货币越来越足值。相比之下，英国经济却一天不如一天，经济增长极为缓慢，但英镑的利率却很高。

如果一国利率高，就不利于企业发展，用高利率贷款，生产出来的东西却卖不出高价钱，企业就没钱可赚了。

英国政府意识到，要想让英国经济发展，只能降低利率。但降低利率，英国人就会把英镑换成马克。马克足值，银行利率又高，谁还会把英镑放在自己手里呢？所以英国政府不敢贸然降低利率，它们只能继续让英镑和马克保持不变的汇率。

9 月 15 日，英国政府不得不请求德国政府降低利率，这样英镑利率就可以跟着降了。但德国的中央银行明确拒绝了这一请求，德国的利率不降，德国不会救英镑。

索罗斯看到这一切，他深知赌英镑下跌绝对没错。于是他大量卖出英镑，买进马克。

英国见德国央行不救，于是在 9 月 16 日，英国政府宣布两次加息，第一次上调了 2% 的利率，第二次上调了 3% 的利率，使英国利率高达 15%，并宣布 9 月 17 日实行。尽管如此，市场仍在抛售英镑。

9 月 16 日，为了捍卫英镑不贬值，英格兰银行拿出 20 亿美元对市场进行干预，却没有任何转机。在整个挽救行动中，英格兰银行从 440 亿英镑（788 亿美元）的外汇储备中，动用了 150 亿英镑（269 亿美元）。英国花掉了约 1/3 的外汇储备，到头来还是竹篮打水一场空。

在巨大的压力下，英国政府不得不宣布暂时退出欧洲汇率机制，并将利率重新下调到 12%，再降到 10%。这样一来，英镑一落千丈。

当英国将利率提高两个百分点时，索罗斯就明白了，英国是在孤注一掷，他开始抛售英镑。英国在中午调整利率，他就在整个下午抛售英镑，从而使英国政府采取的措施无法奏效。当天晚上，英镑退出了汇率机制。

索罗斯卖出价值高达 70 亿美元的英镑，又买进了 60 亿美元的德国马克。他的全部投资高达 100 亿美元。他还利用量子基金借款 50 亿英镑并按照当时的汇率全都兑换成德国马克。他把资金全部押在了德国马克上。

1992 年 10 月 24 日，伦敦的《每日邮报》头版登出了这样的大标题：英镑暴跌，我赚 10 亿！索罗斯手持饮料，面带自信微笑的照片同时出现在报纸上。

这篇报道轰动世界，意味着索罗斯向世界宣布：这次疯狂豪赌，以索罗斯大获全胜收场。

量子基金总获利高达 20 亿美元，索罗斯的个人收入也位居 1992 年华尔街十大收入排行榜的榜首，高达 6.5 亿美元。

索罗斯看准美元贬值、日元升值的趋势，赚到了钱；接着，他看准英镑贬值、马克升值的趋势，又赚到了钱。

那么，索罗斯是如何炒垮泰国汇率的呢？

泰铢又是怎样贬值的呢？

第28讲
泰铢贬值

1997 年亚洲发生了金融危机，首当其冲的是泰国。泰国的汇率被彻底击垮，泰铢贬值 40% 以上，泰国人的财富和经济都遭受了巨大的损失。索罗斯是怎样攻击泰铢的呢？国际金融炒家又是如何用汇率赚钱的呢？

泰国是怎么成为“亚洲四小虎”的？

泰国地处东南亚，它的国土面积不大，但海岸线很长，有 5 500 万人口，华人占比 10%。泰国实行君主立宪制，但国王只是一个象征，国家的行政权利由首相掌管。

泰国原来是一个落后的农业国家，“二战”后，泰国经济得到了发展。到 20 世纪 90 年代初，泰国经济几乎在一夜之间起飞。1980 年，泰国的人均 GDP 仅为 700 美元，1996 年人均 GDP 已超过 3 000 美元。所以，泰国被誉为亚洲奇迹的“四小虎”之一。

为了让经济更快发展，泰国政府迅速打开国门，吸引大量外资。从国外流进泰国的资本，大部分都流入泰国的股市和房地产，造成泰国首都曼谷等大城市房地产价格飞涨。房地产的高额利润又吸引了更多国内外资金。一栋栋豪华的宾馆和写字楼拔地而起，许多拥有土地的人一夜之间变成了腰缠万贯的富豪。

20世纪90年代初期，泰国人炒股或买房富裕后，出现了超前消费的热潮。泰国大量进口法国香水、欧洲名酒、高档时装等奢侈品。泰国的国土面积不大，可它当时竟成了德国奔驰车的第三大进口国。泰国人的平均工资水平在10年内增加了10倍之多，几乎每年都增长一倍。

由于股市和房地产有钱可赚，就有越来越多的人找银行借钱炒股、买房，这就抬高了银行利率。1996年，泰国贷款的平均利率高达17%，没有人愿意投资实业，大家都想拿钱去投机，赚一把快钱。

到了1997年，泰国经济看似繁荣，实际上早已千疮百孔，不堪一击。就在这时，国际金融炒家盯上了泰国，他们想趁此机会击垮泰国汇率，让泰铢贬值，从中获利。当泰国政府和民众正在为经济高增长而沾沾自喜时，泰铢大战已悄悄拉开了序幕。

泰国的固定汇率制度

自从1992年以来，泰国货币开始和美元挂钩，1美元兑换

25 泰铢，汇率固定不变。但随着美国经济的发展，美元强劲起来。即使在 1997 年泰国经济出现衰退时，泰铢还维持着 1∶25 的汇率。

如果泰铢贬值，那么大量外资就会撤离泰国，泰国政府偿还外债就要多支付很多钱，脆弱的泰国经济和泰国政府都无法承受泰铢贬值带来的经济崩塌。所以，政府只能强撑着维持固定汇率不变。

可是泰国经济不景气已是不争的事实。为了让更多资金进入国内，泰国政府不断提高泰铢利率，最后提到 13%。如此高的存款利率，外国资本自然都愿意来泰国套利。比如，美国存款利率是 3%，泰国存款利率是 13%，这就吸引了大量外资流入泰国，因为把钱放到泰国银行获得的利息比美国高出了 10%。

但是，如此之高的利率是经济极为不健康的表现。这么高的利率，谁还能去借钱投资企业呢？人们借钱只能从事投机活动。

索罗斯认为，既然泰国经济存在隐患，那么问题迟早会暴露出来，一旦泰铢贬值，就是一个很好的赚钱机会。于是，索罗斯开始精心策划一场泰铢贬值的大战。

索罗斯是如何炒垮泰铢的？

索罗斯下了一个赌注，他赌泰铢一定会贬值，而泰国政府却博泰铢决不贬值。国际金融炒家和泰国政府之间展开了一场激烈的争夺战。

1997 年 5 月，索罗斯对泰铢发起了三次进攻，这令泰国中央银行有些招架不住。炒家们不断抛售泰铢，5 月 14 日，泰铢兑美元汇率下跌至 11 年以来的最低水平，此时泰铢已岌岌可危。

泰国政府马上向周边国家求救："各国的中央银行，请你们马上来援救泰国，买进泰铢，否则泰铢就保不住了。"

于是，马来西亚、新加坡和中国香港地区的中央银行纷纷进入市场，用美元购买泰铢，花费大约 150 亿美元，才使泰铢停止了跌势。打退国际金融炒家的进攻，索罗斯损失了 3 亿美元，这一战役没能让国际金融炒家得逞。

但索罗斯却发现了一个问题，泰国政府掩饰了外汇储备的大幅减少。泰国政府对外宣称，当年 5 月，外汇储备只减少了 20 亿美元。可索罗斯却打听到，泰国损失的不是 20 亿美元而是 50 亿美元。这足以说明，泰国央行维持不了多久，泰铢贬值不可避免。

得知这些情况后，索罗斯心里有底了，他在静静等待着时机到来。

也许有人会问，国际金融炒家究竟是怎样赚钱的？举例来说，美元和泰铢是固定汇率，二者的比例是 1∶25。国际金融炒家来到泰国找银行借钱，泰国银行见大客户来，都愿意借钱给他们，因为银行是靠借钱生存的。那借多少呢？

假如，量子资金找 10 家泰国商业银行，每家银行只借 25 亿泰铢，一共借 250 亿泰铢。

炒家们把借到的250亿泰铢在外汇市场上卖出，按照固定汇率，他们可以拿回10亿美元。如果泰铢贬值到1：50的时候，炒家们只需要拿出5亿美元，就可以买回250亿泰铢，还给泰国银行，而剩下5亿美元，就是这次投机的盈利了。看到如此暴利，国际金融炒家们纷纷跟着索罗斯一起赌泰铢贬值。

早在1997年2月至3月，索罗斯就大量买进美元对泰铢的期权合约。泰国银行签订了150亿美元的期权合约，其中80%都落入国际金融炒家手中，泰国银行可以得到的期权费是1.5亿美元，赚1%，但它们不知道的是，为了这点小利，它们把攻击泰国金融体系的弹药亲手送给了炒家们。

索罗斯等国际金融炒家仅花了1.5亿美元就让泰铢贬值了。如果泰铢真的贬值了50%，那炒家们就可轻松赚取30多亿美元，这就是以小博大。

在索罗斯的带领下，国际金融炒家们在6月下旬对泰铢发起更为猛烈的进攻。果然，在这一轮攻击下，泰国央行招架不住了。泰国央行300多亿美元的外汇储备，到6月底仅剩下28亿美元，再来对付国际金融炒家的攻击，显然已力不从心。

6月19日，由于泰国政府无力挽救危局，泰国财政部部长塔农宣布辞职，这对泰国人民来说是一个沉重的心理打击。

第二天，人们纷纷到银行去提取存款，到外汇市场去兑换美元，上街抢购商品。一时间，泰国一片混乱。

这时的索罗斯大量抛售泰铢，其他的投机者也闻风而动。1997年7月2日，泰国刚刚上任了12天的财政部部长不得不宣布，放弃固定汇率制，实行浮动汇率制，允许泰铢兑美元可以自由浮动。这意味着泰国央行没钱了，无法挽回泰铢贬值的趋势。

就在这一天，泰铢贬值 20%，到 1997 年年底，泰铢贬值 44%。在泰国历史上，1997 年 7 月 2 日是非常惨痛的一天，货币贬值让泰国民众失去了财富。

索罗斯在这次攻击泰铢的过程中，赚了 20 亿美元，国际金融炒家们在这次泰铢贬值战役中大获全胜。而泰国经济由于大量失血，陷入严重的经济危机。

对这场危机的分析

第一，因为泰国政府放开了资本项目下可自由兑换，钱可以自由进出泰国，老百姓也可以把手中的钱自由兑换成各国货币。这就让国际金融炒家有了可乘之机。中国政府到现在都没有放开资本项目下可自由兑换，就是为了不让外国资金随便进入中国货币市场。

第二，汇率要随着经济的变动而变动。20 世纪 90 年代的美国经济持续向上发展，而泰国经济却急转直下。按照市场经济规律，美元应当升值，泰铢应当贬值。但它们仍然维持在 1 ∶ 25 的固定汇率上，这就使国际金融炒家们有了机会，最终酿成了一场金融危机。

第三，因为泰国政府提高了利率，热钱（指游资，或叫投机性短期资金）就会来套利。我们说，这场危机不由外部因素决定，而是泰国政府的经济政策失误导致的。所以金融风险从来都是从内部爆发的。

索罗斯等金融炒家们在泰国得手后，又发起攻击香港汇率。

那么，香港汇率保住了吗？港币保卫战又如何呢？

第29讲

港币保卫战

1997年7月2日，泰国政府宣布放弃固定汇率，这就引爆了东南亚金融危机。紧接着，菲律宾、印尼、马来西亚、中国台湾地区都放弃了汇率，任其货币贬值。韩国和日本也被卷了进来，这场东南亚危机转变成亚洲金融危机，亚洲“四小龙”和“四小虎”都倒下了，只剩下一个香港。索罗斯等炒家们的最后一战，落到了香港。炒家们志在必得，香港特区政府必须正面迎战。

索罗斯是怎么攻击香港的?

在1997年7月24日这一天，金融投机者同时在台湾和香港两地小试牛刀。然而，外汇储备均有800多亿美元以上的港台两地金管当局，仅用了两个小时，就打退了投机者的进攻。

台湾当局在这些国际金融炒家的争斗中，为了捍卫新台币，已耗费了近50亿美元，此时台湾地区的外汇储备还有800多亿美元，当国际金融界都认为台湾有能力守住新台币时，台湾当局却一反常态，放弃了稳定汇率的努力，新台币突然贬值了10% 以上，台湾当局不想使自己的外汇储备有所损失。于是就把金融风暴的冲击引向了香港。

新台币弃守后，香港就变成了一座孤岛。投机资金在台湾获利后，全部都涌向了香港。从 7 月 20 日开始到 28 日收盘，港股恒生指数就跌了 4 400 点，蒸发了 1/4 市值。继而，恒生指数从 16 000 多点跌到了 7 900 点，跌幅高达一半以上。

港股暴跌只是一个表象，背后是炒家们想让港币贬值。

索罗斯要打压港币，就要大量抛出港币买美元。这些投机者借到港币抛出换美元，香港各家银行都要准备大量美元来接盘，如果银行的美元储备不够，那香港的联系汇率就保不住了，港币就会贬值。

香港的联系汇率

汇率有固定汇率和浮动汇率之分。固定汇率和美元挂钩，浮动汇率是自由的。香港是一个自由港，它既是亚洲金融中心，又是国际商品物流的中转站。香港经济中绝大多数产值是由服务部门创造的，由贸易服务、金融服务、旅游服务创造。要发展进出口贸易，就要尽可能保持汇率的稳定。

从 1972 年到 1984 年，香港实行的是浮动汇率制。但浮动汇率制度使香港汇率一直处于大幅波动中，外贸赤字和通货膨胀逐年上升，银行总是遭到挤兑，经济日趋恶化，社会稳定也受到威胁。港币一度跌到 10 港币兑换 1 美元。大量资金纷纷逃离香港，使香港经济疲弱不堪。

1983 年 4 月，中英谈判陷入僵局，给香港带来了强烈冲击。当时，香港经济滑坡、社会动荡，所有企业和个人都找不到一种稳定感。怎么办呢？汇率如此波动，经济无法发展。

情急之下，1984 年的港英政府接受了英国经济学家的建议，让香港实行联系汇率制度。

什么叫联系汇率？就是发钞银行每发行 7.8 港币，就必须向香港金管局上交 1 美元，这样美元和港币是 1∶7.8 的比率，这就是联系汇率。香港有三家发钞银行：渣打银行、恒生银行和中国银行。

香港为什么要实行联系汇率呢？因为香港是一个国际贸易中心。人们跟香港做生意都使用港币结算，如果港币贬值了，做生意的人就损失了，说不准港币哪一天会贬值呢？因此就没有人敢持有港币。

有了联系汇率制度，投资者就能把港币换成美元，汇率是 1∶7.8。这样一来，香港的经济就发展了起来。直到今天，香港实行的都是联系汇率，即港币和美元挂钩。

了解了联系汇率后，再来看，国际金融炒家们想攻破联系汇率是怎么做的。

他们要先借到港币再抛出港币，让香港民众心慌，港人都去抛出港币换美元，那香港 800 多亿美元的外汇储备可不够换的，联系汇率一旦被攻破，炒家们就赚钱了。

1997 年 10 月 23 日，面对炒家们大规模抛售港币换美元的局势，香港金管局出手了。它一边卖出美元收回港币，一边抽紧银根，对超量向金管局借钱的银行实施惩罚措施。双管齐下，港币的流量骤然减低，市场中出现港币供不应求的局面。逼迫港币的隔夜拆息步步走高，直到 300%。

300 厘的利息，意味着当炒家们借 100 港币时，日后连本带利要归还 400 港币。面对这种情况，借不到港币的投机者认输了。

仅仅打了五天，索罗斯这些国际金融炒家在香港的这次激战中损失惨重。香港金管局外汇储备一个月后增加了 37 亿美元，这些是炒家们输掉的。

但他们不服，1998 年再次卷土重来，决心要攻破香港的联系汇率。

1998 年港币保卫战

1998 年 6 月，整个亚洲经济都虚弱不堪，各国货币纷纷疲软，借着日元贬值的机会，索罗斯这些国际金融炒家们再次来到香港。这次来攻击香港的有三大基金，其中包括老虎基金、量子基金和长期资本管理基金。这些都是对冲基金。

什么叫对冲基金呢？就是不把鸡蛋放在一个篮子里。假如它们拿 1 000 亿美元进来，500 亿美元放在香港汇市，500 亿美元放在香港股市。在汇市里，它们赌港币跌，他们借港币抛港币让香港人心慌，都去抛出港币，联系汇率就垮了。它们从汇市上赚钱，但港府一定不让港币赚钱，就会提高利率，利率一高，股市就会跌。比如，利率提高到10%，还有谁去买股票呢？人们都会抛出股票存进银行。在股市里，炒家们赌香港股市跌，于是他们把500亿美元都压在股市里，买股市的看跌行情。如果股市跌了，它们就赚钱。这就是对冲基金的策略，它赌两头。无论如何，都得在一头赚钱。

索罗斯这些炒家们，先是攻击港币，后是攻击港股。1998年8月，港币到了最危险的时候。8月5日，摩根士丹利、高盛、美林、瑞士联合银行等投资银行和对冲基金集体抛出港币。仅这一天，炒家们抛售了200多亿港币。一场港币大决战开始了。

面对来势汹汹的卖盘，香港金管局动用外汇储备，直接入市买入港币。炒家抛出的港币香港政府全部买进。之后炒家们又抛售200多亿港币，两天就抛出近500亿港币。香港金管局还是如数买进。

大战进入第三天，国际金融炒家继续抛售，金管局照例都买进，港币大战，使得港股继续暴跌。

8月10日，恒指跌破7 000点；

8月11日，恒指跌破6 800点；

8月13日，恒指跌到6 500点。

从16 000点跌到6 500点。炒家们如果在港币上不能赚到钱，他们就砸港股，如果把香港股市炒崩盘，炒家们从股市上赚钱。

8 月 13 日晚，香港特区政府召开了紧急会议。特区政府最后想出了制胜一招，就是动用中央政府在香港回归时送给特区政府的 1 500 亿港币，这是中央政府送给香港特区政府的费用。特区政府拿出这些钱，开始和炒家们争夺香港股市。

8 月 14 日起，特区政府进入股市发起了绝地反击。但香港特区政府在股市里没有账户，特区政府找到香港的证券公司和经纪人，对他们说，政府的钱都打入你们的公司和个人账户上，入市和炒家们战斗，保护香港的股市不崩盘。这时很多爱港人士都站了出来，为了保卫港币和港股，他们愿意和特区政府站在一起。政府给出的指令是，只要炒家们抛出股票，你们就买进，他们卖多少，你们就买多少。

于是，一场激烈的港股保卫战开始了。金融炒家们狂抛股票，港人就买入股票，先是 100 亿股票、200 亿、500 亿、1 000 亿、1 200 亿股票。到了最后，炒家们弹尽粮绝，香港政府手里还剩下 300 亿港币。恒生指数最终站稳 7 800 多点。

令金融炒家们绝没有想到的是，香港特区政府会使出这一招。这场港股保卫战，以炒家们的认输结束了，特区政府保住了香港股市，保住了联系汇率，香港是在这场亚洲金融危机中唯一没被攻破的成功战例。

1997 年 9 月，在香港出席世界银行和国际货币基金组织年会后的记者会上，朱镕基总理说："如果在特定的情况下，万一香港政府需要中央政府帮助的时候，只要香港特区政府向中国中央政府提出要求，中央政府将不惜一切代价，维护香港的繁荣稳定，保护它的联系汇率。”

在索罗斯攻击港币的过程中，中国政府做了香港特区政府的坚强后盾，使得索罗斯这些金融炒家们的阴谋没能得逞。

1998 年，俄罗斯爆发了债务危机。这些国际金融炒家们放下香港，直奔俄罗斯去讨债。

那俄罗斯的债务危机是怎么爆发的呢？

它的结果又如何呢？

第 30 讲
俄罗斯债务危机

1998 年，俄罗斯爆发债务危机，俄罗斯政府无法偿还国债，引起了全世界的哗然。

在危机之前，俄罗斯政府发行了大量国债，包括内债和外债。国际上的量子基金、老虎基金和长期资本管理基金都购买了俄罗斯政府发行的国债。因为俄政府的国债利息从 100% 提高到了 300%。但令这些对冲基金没有想到的是，俄政府无法偿还债务，使得它们在俄罗斯的损失惨重。

俄罗斯政府为何要发行国债?

回顾俄罗斯在 20 世纪 90 年代走过的路，不难看出，俄罗斯爆发金融危机是一个必然。1991 年底苏联解体后，俄罗斯的政局一直动荡不安，政府更迭频繁，俄罗斯的经济和金融基本上是在无政府状态下运行的。

叶戈尔 · 盖达尔作为俄罗斯政府的代总理，他在上台后进行了激烈的改革。他竭力推行被称为“休克疗法”的激进经济改革，导致俄罗斯发生了恶性通货膨胀。在极短的时间内，俄罗斯国民的财富化为乌有，这给俄罗斯社会和经济造成了巨大灾难。

维克托·切尔诺梅尔金于1992年12月出任俄罗斯第二任总理。他实行的改革措施是让金融和工业寡头来收购国有企业，把俄罗斯原有的工业家底全部卖出去，造就了一批新的俄罗斯贵族，把更多的平民推向贫穷的深渊。

发行国债和发行钞票的区别

由于俄罗斯经济连年不好，政府财政没有足够的钱维持政府的开支，于是政府不断发钞，使得卢布不断贬值，国民生活苦不堪言。

西方学者问俄罗斯总统叶利钦："总统，你还会发点别的吗？如果不断发钞，俄罗斯的货币卢布就彻底不值钱了。"

叶利钦问道："那还能发什么呢？"

西方学者说："发国债也比发钞票好。"

为什么发国债要比发钞票好呢？因为发钞票会让人们手里的钱立刻贬值，发国债是政府不增加货币总量，国民用手中的钱来购买国债，政府拿着钱去搞建设，赚回钱来再还国债。

俄罗斯政府听取了西方学者的建议，开始发行国债。俄政府为了吸引国民购买国债，把国债的债息定得远高于银行的存款利率，年利率从50%到100%不等。

俄罗斯政府不但发行内债，还发行外债。

结果，俄政府发行的国债越来越多，债息也越付越高。但国债是需要还本付息的。还债时政府的负担极大。政府只好继续发行更高债息的国债，借新债还旧债。由此，国债就变成了套在俄罗斯政府脖子上的绳索，越勒越紧。

事实上，发行国债是目前各国政府解决政府财政赤字的一种方法，它比发行钞票要好得多。但是发行国债吸纳了国内外资金后，必须投入到能够产生效益的项目上，才能创造更多的财富，用增加的税收来还上所借的国债。

然而，俄罗斯政府发行国债没有用于投资经济建设，而是拿去给公务员发工资，维持政府财政的支出。由于国债没有产生效益，也就没有了偿还能力。一旦借债的链条断裂，借不到新债，就会出现债务危机。

俄罗斯债务危机的爆发

谢尔盖·基里延科于 1998 年 3 月出任俄罗斯第三任总理。他上台后把目光锁定在解决俄罗斯财政稳定的问题上，他把希望全都寄托于西方国家的援助，但西方国家纷纷表示不再借钱给俄罗斯，这就加速了俄罗斯债务危机的爆发。

1998 年 4 月，俄罗斯的外汇储备仅为 160 亿美元。同年，印尼、马来西亚和泰国等东南亚国家的外汇储备约在 100 亿美元到 300 亿美元之间。1998 年 5 月初，市场上卢布资金的短缺加剧，短期国债遭遇发行不畅，因为已没有人愿意购买国债。这时的投资者对政府的偿还能力产生了严重质疑，引发了国债市场的恐慌性抛售。

债券市场下跌传导到股市，股市和债市纷纷下跌。外汇市场上，卢布也开始下跌，人们用卢布兑换美元，导致卢布价格下降，美元价格上涨。

1998 年 7 月，俄罗斯的国债规模已达到 4 300 多亿卢布，相当于 700 亿美元。同年 7 月底，半年期和 1 年期的国债年收益率还在 51%~69%，到 8 月 13 日就飙升至 160%。其间，甚至有几期国债年收益率高达 300%。

1998 年 8 月底，俄罗斯政府不得不停止国债交易。

我们说，如果一国的国债收益率上升，是因为人们不看好国债，抛售价格才会持续升高。如果在国债市场卖出国债需要付出如此高的代价，那么，政府要再发行国债，债息就得更高，否则还有谁会去买呢？

8 月 17 日，俄政府和中央银行突然宣布提高外汇上限。原来 1 美元可以兑换 6 卢布，现在 1 美元可以兑换 9.5 卢布。俄罗斯政府这一举动引起了全世界的极大震动，这意味卢布将要大幅贬值。

俄政府为什么这时让卢布贬值呢？

因为即使俄政府不让卢布贬值，对卢布失去信心的国民依然会拿着事实上已经贬值的卢布去兑换足值美元，结果是中央银行收回的是不值钱的卢布，而放出的却是外汇储备里的美元。

就在宣布卢布贬值的第二天，俄罗斯的金融市场更加恶化。市场上的外汇供不应求，所有人都急速抛出卢布，买进美元，外汇市场开盘35分钟后就停盘了。莫斯科各银行兑换美元的卖出价一路攀升，国内债市也停止了交易，股市狂跌。

8月23日，叶利钦总统解散了基里延科政府，招回了2月份被他解职的切尔诺梅尔金，请他出任代总理。

切尔诺梅尔金上台后，立即对俄罗斯国内的债务进行了重组。可这个重组计划做得十分仓促，令投资者感到茫然，不知这是一个利好的消息，还是一个利空的消息。

8月26日，俄罗斯的金融形势仍然不见好转，莫斯科银行间外汇交易所的卢布汇率狂跌，美元供不应求，外汇市场被迫停盘。俄罗斯中央银行当即宣布这天的交易无效。

这在俄罗斯的外汇市场是史无前例的。

8月27日，卢布贬值30%。俄中央银行不得不下令，停止全部的卢布交易。

至此，俄罗斯的债务危机再也控制不住了，俄罗斯国库已经亏空，它的巨额债务该怎么偿还呢？

国际金融炒家们和俄罗斯政府的唇枪舌剑

国际金融炒家是怎么卷入俄罗斯债务危机呢？

1997年，国际金融炒家在东南亚赚到了大量美元，他们正筹划着把这些钱放到哪里能够赚更多钱。此时，俄罗斯的国债回报率高达300%。买100元国债，可以有300元的债息，这听起来十分合适，而且一般来说，买国债是相对安全的事情。于是，1997年他们把从东南亚赚到的美元全部购买了俄罗斯的国债。按照预计，到1998年底就可以获得三倍以上的收益。

没想到的是，在1998年8月俄罗斯债务危机爆发了，俄政府没有钱偿还国债，于是炒家们放下香港，直奔俄罗斯讨债。

炒家们组成了伦敦俱乐部和巴黎俱乐部，他们派出代表前往俄罗斯谈判。

他们问："你们不偿还债务的根据是什么？俄罗斯政府还有没有信誉？"代总理切尔诺梅尔金反问："当一国债券卖到300%时，这里能没有风险吗？你们都是搞金融的人，你们应该知道，高回报高风险，我没有说不还债，如果要兑现的话，300%的债息没有了，本金偿还期是15年，你们同意就签。如果现在马上要钱，我只能给1.6%（即买100美元国债，只能返回1.6美元）一年后还3%~5%，2年后还给30%。"

炒家们拒绝了俄方总理的提议。

切尔诺梅尔金说："这些债券不是我要发的，是上任总理基里延科发行的，如果你们有异议就去找他，我只负责解决问题。俄罗斯现在什么都没有了，只剩下6 000枚核弹头，如果你们非逼着还债，我们只能按下核按扭。到时候世界都将不复存在，还要钱做什么？"

炒家们哑口无言。

他们临走时说："以后我们宁可吞下核废料，也绝不碰俄罗斯的国债。”

俄罗斯债务危机的爆发，引发了全球金融市场的恐慌。特别是那些国际金融炒家们，他们本想通过购买俄罗斯的国债大赚一笔，但没想到俄罗斯爆发了债务危机，导致他们损失惨重。

债务危机导致了俄罗斯金融危机，虽然俄罗斯政府占到了便宜，但它失去了国家信用，让俄罗斯的百姓跟着遭殃。

2007 年美国爆发了次贷危机，美国为什么会爆发次贷危机呢?

它给美国经济带来的后果又是什么呢?

第 31 讲

2007 年美国次贷危机

2007 年美国爆发了次贷危机，美国的房地产泡沫破灭。美国的银行贷款怎么会出事呢？这场危机究竟有多大？它对美国和世界经济的影响如何？

美国次贷的产生

说到美国的次贷，我们不得不先说说美国人的消费习惯。美国人的消费习惯和中国人截然不同。美国人是没钱也要借钱花，中国人是有钱存着就不花。美国人用透支的方式生活，借明天的钱今天花。可以说，美国的个人贷款无处不在。

美国人的住房观念也和中国人不同。过去曾有这样一个段子，说的是一位中国老太太和一位美国老太太聊天。

美国老太太说："我年轻时就贷款买房，每月还银行贷款，还清贷款到六十岁时这套房子就属于我了。可你们从年轻时起就存钱买房，到六十岁终于存够钱买到房，可已经老了，没有多少时间享受了。你们的思想太保守了。"

可以看出，美国经济主要靠消费来拉动，美国人消费的绝大部分都是靠借贷。那么次级贷款是怎么回事呢？

20 世纪 90 年代，美国信息技术产业飞速增长，互联网产业风靡一时。但进入 21 世纪后，曾经风光一时的互联网信息高速公路中断了。2000 年 4 月 14 日美国的纳斯达克股票暴跌，从 5 800 多点跌到了 1 300 点，美国互联网泡沫瞬间破灭。次年，美国爆发了“9 · 11”恐怖袭击事件。接连的打击使美国人的信心受到了彻底动摇。美国经济该怎么办？

这时，美国政府想到了用房地产来拉动经济增长的办法。于是，美国政府开始号召美国人民买房。美联储也采取了宽松的货币政策，不断降低利率，让买房变得合适起来。商业银行也开始发放贷款给穷人买房。

举例来说。

商业银行找到美国 A 女士，说：“这位女士，长久以来您一直都是租房，您愿意贷款买房吗？美国房价现在处于低谷，您买了以后房价一定会涨，未来您什么时候想卖房子，都能轻松赚到钱。”

A 女士说：“可我没有钱交首付。”

“30% 的首付有吗？”“没有。10% 的首付也没有。”

“那您觉得零首付如何？”

A 女士说：“零首付倒是不错，可我没钱还银行的利息。”

银行说：“没关系，女士！我们可以为您垫付半年利息，您可以先感受一下自己有房子的乐趣。”

A 女士一想，既不需要交首付，暂时也不需要还钱，还可以住新房，何乐而不为？以后即使我还不上银行的钱，只要房价涨了，卖掉房子还可以赚钱。于是 A 女士决定贷款买房。就在 A 女士跟银行签贷款协议的时候，所有的条款都有利于 A 女士，最后银行加了一条。

他说："女士，因为您没有在银行贷过款，也就是没有银行信用记录。有过银行贷款记录的人都是富人，如果他们贷款的利率是 5%，您的贷款利率就是 10%，如果他们是正贷，您就是次贷。"

我们说，次贷就是银行把钱贷给了既没钱交首付也没钱还银行利息的人。银行之所以愿意贷款给 A 女士，就是因为 A 女士的利率高于银行的平均利率，银行就想赚取高于平均利率的部分。

于是，A 女士就和银行签了贷款协议，拿到钥匙，住进了新房。穷人就是这样被说动的。他们签了合同，同意贷款买房，次级贷款就这样逐渐产生。

总结一下，什么叫次贷？次贷指的是信用级别低的贷款，相较于优级贷款，所以叫次级贷款，简称次贷。美国在 2000 年后，大量信用不好的人都用这种方式贷款买了房，其实他们付不起银行贷款的本金和利息。

一个美国人说："我在监狱里，连 10 美元都没人借给我。但我出来之后，银行竟然愿意借我 10 万美元让我买房。这真是让我没有想到！"

由于商业银行贷款给穷人，买房的人便多了起来，房价自然就会往上涨。

可是，美国的商业银行明明知道穷人不可能还上银行的贷款，怎么办呢？于是商业银行就把这些次级贷款打成一个包，找到了美国华尔街的投资银行。

次级贷款打包变成次级债券

商业银行是经营存贷款业务，它为储户和贷款人提供服务，而投资银行不经营存贷款业务，它们只给上市公司做中间业务，为上市公司服务。

美国商业银行把它的次级贷款打好一个包，并告诉投资银行："这里有一笔好买卖，平常的抵押贷款利率是 5%，次贷的抵押贷款利率是 10%，你买过去再打包，把它变成次级债券卖了，咱们就可以从中分到钱。"

投资银行一听发现这里有利可图，自然同意买入打包的次级贷款。于是商业银行把它们放出的所有次级贷款统统都打包卖给了投资银行。

投行买了这些次级贷款，又把次级贷款再次打包，变成次级债券卖给投行的大客户们，并对他们说："亲爱的客户，我们新推出一款非常好的金融产品：次级债券，银行存款利率只有 1%，而这个次级债券的利率是 10%，如果投资买这项产品，每年能有 10% 的回报。"

就这样，投资银行从商业银行那里买到次级贷款，打成包变成次级债券向外出售，并把次级债券从美国卖到欧洲、亚洲各国。七年时间，投行通过不断买入、打包卖出，把次级债券卖向了全世界。。

投行为次级债券上保险

当投资银行卖出次级债券时，有投资者就问："你说的次级债虽然有钱赚，但有风险，我们购买之后赔了怎么办？"投资银行说："如果你们不放心，可以给它上个保险啊。"

于是，投资银行又设计了一款产品，名字叫信用违约掉期。说白了，就是给买次级债券的产品上个保险，让保险公司分担一部分风险。如果次级债券没有发生问题，保险公司就可以赚到这笔钱。保险公司自然很乐意，美国房地产这么火，保险公司也想从中分一杯羹。

比如，一个投资者买了 50 万美元的次级债券，他到保险公司去买保险，需要缴纳 3% 的保险费，就是 1.5 万美元。如果次级债券出现问题，保险公司则负责包赔损失。

分析到这里，看似皆大欢喜。从房地产商到买房者，从商业银行到投资银行，从保险公司到买次级债券的投资者，一路上都是包赚不赔，看似每个人坐着就可以赚到钱。

为什么华尔街投行要设计出这样五花八门的金融衍生品呢？因为谁都想赚钱，可谁都不愿意承担风险，都想把风险转移出去。商业银行想赚钱，不想承担风险，它把次级贷款加一点利息卖给投资银行，投行加价打包卖给投资者，它也不用承担风险。投资者买到次级债券后，也不愿意承担风险，就找到保险公司。保险公司每年可以增收很多保险费，何乐不为。

次贷链条就这样形成了。所有人都认为，风险在别人那里，利益在自己这里。然而，“天有不测风云，人有旦夕福祸”。

美国次贷危机的爆发

从 2001 年起，商业银行不断放贷，投资银行不断将次贷打包售出，雪球越滚越大，房价也越来越高，吹大了美国房地产的泡沫。

随着美国经济持续走低，国民收入下降，2007 年下半年美国的房地产再也撑不住了。

一天，A 女士走进银行说：“对不起银行，我失业了，还不起银行的贷款了，请把我的房子收走吧。”

往外一看，很多当初的穷人购房者都无法偿还银行贷款，美国的房地产泡沫开始破灭，次贷危机爆发了。

商业银行说，没关系，我们把次级贷款卖了。投资银行说，没关系，我们把次级债券卖了。等大家发现购房者还不上银行贷款的时候，美国投行早已把次贷打包卖给全世界了。各国的投资者，本想买次级债券赚钱，结果美国的次贷危机爆发，这场游戏再也玩不下去了。

就这样，美国人的买房风险，美国商业银行不承担，美国投资银行也不承担，它让全世界承担。投资者买了打包的次级债券，就像成箱买苹果一样，一箱箱搬回家，打开一看，才发现原来苹果都烂了。次级债券变成了垃圾债券。

次贷危机爆发后，美国政府曾出来救市，先救了“两房”公司：房利美和房地美；又救了美国第五大投行：贝尔斯登公司。然而，巨大的窟窿让美国政府无力回天，最终引爆了美国的金融危机。

2008 年美国金融危机是怎样爆发的？

它对世界各国的经济影响又如何呢？

第 32 讲

全球金融危机

2007 年，美国爆发次贷危机后美国政府开始救市，先救了美国第五大投行贝尔斯登，又救了美国的“两房”公司，但这场火势太迅猛，美国政府无力扑灭。2008 年 9 月 15 日，美国第四大投行雷曼公司宣布破产。由此，次贷危机转变成一场金融海啸，瞬间摧毁了华尔街。金融海啸席卷了美国，引爆了全球金融危机。

美国政府拯救次贷危机

2008 年，对于美国乃至全世界来说都是历史性的一年。这一年，爆发了以美国华尔街为中心的全球金融危机。

这场危机始于 2007 年。美国有两家经营次级债的公司先后宣布破产，次级贷款的隐患浮出水面，美国的房地产市场开始下跌。

随后，美国第五大投行贝尔斯登公司爆出成立 83 年以来的首次亏损，公司股价暴跌。2008 年 3 月，美联储紧急救援，让摩根大通银行收购了贝尔斯登，才把贝尔斯登从死亡线上拉了回来。

2008年9月7日，美国财政部突然宣布接管“两房”。“两房”指的是美国最大的两家住房抵押贷款金融机构：房利美、房地美。

“两房”经手大量的房地产抵押债券业务，规模达5万亿美元之多，占了全美房地产贷款市场总额的50%，也就是说美国次级贷款的一半都在它们手上。美国次贷危机爆发后，房地产抵押贷款业务大量缩水，损失巨大，公司股价下跌90%，资不抵债，两家公司陷入全面崩溃的境地。

如果美国政府不出手相救，“两房”一旦破产，就意味着美国房地产市场将发生雪崩，后果不堪设想。美国政府只得硬着头皮接管这两家公司。

次贷危机暂时平缓，华尔街又出事了。

美国投行雷曼公司破产

2008年9月10日，资本市场传出美国第四大投行雷曼公司资不抵债的消息，这导致雷曼股价暴跌，从每股80美元跌至每股4美元。

9月11日，韩国银行准备收购雷曼公司，它们要求美国政府为雷曼公司做担保。时任美国财政部部长的亨利·保尔森说：“美国政府不能给它做担保，因为不知道它的窟窿到底有多大。”

韩国银行说："你都不知道它的窟窿有多大，我们不收了。"

雷曼股价当天跌至每股2美元。

9月12日，英国巴克莱银行觉得这个时机挺合适，晚收购1天，价格就便宜了一半。于是，巴克莱银行准备收购雷曼公司。当所有的条件都谈好，双方正准备签字时，有人递来了一张纸条，写道："你们谈判时，是否忘了还有这张纸条，这上面还有100亿美元的负债呢？"严谨的英国人拍案而起，拒绝签署收购协议。雷曼股价继续下跌。

9月13日至9月14日，美国财政部部长亨利·保尔森把华尔街的金融巨鳄们都聚集在一起，请求他们出资援救雷曼。他说："雷曼绝不是这场危机中倒下的第一张骨牌，如果它倒下，谁都难以幸免。"经过两天激烈的讨论，结果仍然是没人愿意拿出哪怕1美元来救雷曼。他们的理由是，"第一，雷曼在做次贷打包赚钱的时候我们并没有利益分成；第二，我们还不知道自己明天是否能活着。"

9月14日，保尔森说，"作为财政部部长，我们也不会拿纳税人的钱救雷曼"，这句话宣判了雷曼的死刑，雷曼的股价跌至每股27美分。

9月15日一早，雷曼总裁对外宣布，"雷曼破产"。这句话也等同于向世界宣告：金融危机爆发了！有着158年历史的雷曼公司，历经过两次世界大战、两次石油危机，熬过"9·11"恐怖袭击事件，却没能挺过这场金融危机。

这场次贷危机由此演变成一场金融海啸。

美国金融危机的爆发：投行纷纷倒下

当雷曼公司宣布破产后，美国第三大投行美林证券马上找到美国银行，表示愿意以最低的价格把公司卖掉。华尔街的股市出现暴跌，美林股票也跟着暴跌，如果没人接手，美林证券也难逃破产命运。9月15日，美国银行仅用500亿美元就收购了美林证券。

紧接着，美国的保险公司也出事了。全世界最大的一家保险公司叫美国国际保险集团（AIG），它请求美国政府救援。这家公司的规模比雷曼还大，如果它倒下，那将是世界保险业的灾难。9月16日，美国政府紧急耗资850亿美元保住了这家保险公司。

当时形势已非常严峻。据估算，如果美国政府晚一天出手，AIG将多亏损10万亿美元；再晚一天，它将多亏损20万亿美元。

因为全球有太多的投行和机构投资者购买了次级债后，都在AIG购买了保险。一旦投行倒下，投资者就会去保险公司索赔。可保险公司没有那么多钱，无论如何都赔付不起。美国政府如果不救的话，那这家保险公司面临的将是和雷曼一样的结局：破产。一旦AIG倒下，金融灾难就会失控，所以美国政府才会不顾一切去救它。

此时的华尔街只剩下两家投行，一家是高盛集团，另一家是摩根士丹利。它们都紧急向美国政府求救。9月21日晚，美联储批准这两家最大的投行由投资银行转变为商业银行，就是让它们靠吸收存款来渡过难关。

至此，华尔街上的投资银行全都消失了。大家仿佛做了一个梦，一觉醒来，华尔街上的投行都不见了。

那些曾经拿着高薪在投行工作的高级白领们，他们抱着纸箱，神情黯然地从写字楼里离开。他们失业了。

曾几何时他们风光无限，如今却失业了。美国经济到底出现了什么问题？那一周，考验着全世界的神经。

美国三大汽车公司的求助

华尔街出事后，美国的三大汽车公司也请求政府出资救助。美国政府问："美国的金融出事了，汽车公司怎么也有问题呢？"

在国会山的议员听证会上，通用、福特、克莱斯勒这三大汽车公司的总裁被质问："你们三个人都是乘坐私人直升飞机来的吧？你们谁把自己的私人飞机卖掉，我们就救你们。"没有人回答。

"你们三大汽车公司，是我们美国的标志，也是美国的骄傲，你们怎么会出问题呢？"

三大汽车公司的总裁们说："其实，三大汽车公司每个月都亏损近20亿美元，只是之前没有告诉政府。如果汽车公司破产，将有百万工人失业，这些工人政府管还是不管？"说完，三人扬长而去。

美国政府能不救吗？三大汽车公司一旦破产，数百万汽车工人就会失业，那又将是一场惊涛骇浪。

紧接着美国股市暴跌，仅2008年这一年，美国股市就蒸发了约7.3万亿美元的市值，下跌幅度超过40%，成为美国股市历史上最糟糕的一年。

2009年1月20日，美国新任总统奥巴马宣誓就职时，几百万人冒着零下10度的严寒，在瑟瑟寒风中参加总统的就职典礼。他们希望新总统能给美国的经济带来起色，让美国人重新过上幸福的生活。

可见，这场金融危机使美国人的心态发生了巨大的变化。

美国量化宽松的货币政策

美国政府救市的钱从哪里来呢？

布什总统请求国会紧急拨款7 000亿美元。到2009年奥巴马总统上台，国会批准7 820亿美元救市。与此同时，美国财政部增发国债，美联储掏钱买国债。也就是说，财政部发国债，美联储发钞票。

美国实行了量化宽松的货币政策，就是用限定每月发放一定数量的货币政策拯救美国经济。每个月发行850亿美元，持续了六年。央行放出货币增加经济流动性，把利率降至0.25%，拉动经济复苏，刺激国民消费。财政上开源节流，增加税收，减少支出，降低赤字，把美国政府从“财政悬崖”边上拉回，避免了美国国债的崩盘。

经过四年的调整恢复，美国经济开始走出谷底。2012 年，美国经济增长率达到 2.2%，2013 年第一季度为 2.5%，2018 年经济达到近 3% 的增长。美国经济的温和复苏让全世界看到了希望。

美国政府一救市，就把金融危机引向了欧洲。

2010 年的欧债危机是怎么发生的？

它对各国经济又有什么影响呢？

第33讲

2010年欧债危机

2008年金融危机爆发后，美国政府一救市，就把金融危机引向了欧洲。欧洲都是小国，为了更有竞争力，它们成立欧盟，发行欧元，让17个国家都使用同一种货币。发钞由欧洲央行统一进行，各国政府就没有发钞权利。但金融危机来了，政府需要钱去救市，怎么办呢？既然政府不能发钞票，那政府只能发国债了。结果是国债越发越多，到2010年欧债危机爆发，政府借的债还不上了，由此美国的这场金融危机波及到了欧洲，演变成了债务危机。

当美国爆发金融危机后，欧元区各国首脑紧急召开会议，他们达成一致：不能让金融危机冲垮欧洲。如果一国银行遇到挤兑，其他各国就一起去援助，绝不让任何一国的金融体系倒下。

次日，德国总理默克尔就向德国国民宣布："德国的同胞们，你们先别着急去银行取钱，我作为总理向你们保证，银行欠你们的钱都会全部支付给你们。"其他国家政府一看，也都纷纷向国民做出保证。

有人问，德国政府有钱吗？其他国家政府有钱吗？

事实上，这些国家政府已经没有钱了。政府许的都是空头支票，但是政府还有发行国债的能力。

冰岛银行的倒闭

冰岛地处北欧，在北极圈内，它是一个只有 32 万人口的小国。冰岛在十年前放开金融，它们的银行家就跑到伦敦金融街上游说："你们英国人真傻，把钱放在英国银行给利率这么低，来我们冰岛银行吧，给你们 10% 的存款利率。"结果，英国人悄悄把钱从英国银行取出来，存进冰岛银行；冰岛银行家又去荷兰的阿姆斯特丹游说："你们荷兰人真傻，把钱存在荷兰银行利息这么低，存到我们冰岛银行，给你们 10% 的存款利息。"结果，荷兰人悄悄从荷兰银行取出钱来，存到冰岛银行。

2008 年美国金融危机爆发了，英国人和荷兰人都慌了，他们赶快到冰岛银行去取钱，冰岛银行说："你们存的不都是定期吗？还没到期呢。"

没想到的是，第二天冰岛银行宣布破产。

英国和荷兰有约 80 亿英镑被冰岛银行卷走了。英国政府和荷兰政府坚决不干，要求冰岛政府还钱。这时正好赶上冰岛火山的爆发季。

冰岛政府说："要钱没有，火山灰倒有的是。况且，你们的钱都被冰岛银行家卷走了，我们也没有得到这笔钱啊。现在，这些银行家都被关在大牢里了，你们找他们去要吧。”

大家一定还记得2018年俄罗斯世界杯吧？冰岛国家队踢得相当不错。冰岛的足球队员都是业余选手，教练是个牙医，队员则是各行各业的业余选手。

大家通过足球知道了冰岛，却不知道冰岛银行十年前在金融危机爆发时，让冰岛国家陷入多么尴尬的境地，险些让冰岛国家破产。

希腊的债务危机

希腊于2001年加入欧元区。当时希腊经济发展水平较低，财政赤字超过3%，不符合加入欧元区的条件。于是，希腊政府向美国投资银行高盛集团求助，请高盛对希腊财政进行包装，使其从账面上看起来符合加入欧元区的标准。就这样，希腊成功混入了欧元区。

2009年12月，希腊政府公布财政赤字为12.7%，公共债务占国内生产总值的比例为113%，远远超出欧盟规定的3%和60%的上线。国际评级机构纷纷调低了希腊的信用评级，希腊债务危机正式拉开序幕。

希腊的信用评级降低，导致政府再借钱的成本就提高了。于是希腊政府采取了紧缩措施，而希腊国内的罢工活动一浪高过一浪，此起彼伏。希腊的经济发展更是雪上加霜。然而，如果希腊破产，其他欧元区国家也会被拖下水，由此引发了欧洲一片恐慌。

于是，欧元区各国政要聚集在一起商议如何凑钱援救希腊。正当德国政府准备掏钱的时候，却遭到了德国民众的坚决反对。他们说："一周七天，我们德国人是五天工作两天休息；希腊人是五天休息两天工作。就这两天的工作时间他们还上街游行！希腊人躺在爱琴海边晒太阳，德国人在车间里汗流浃背，我们凭什么拿钱救他们？不救，坚决不救！"

欧元区由 17 个国家组成，欧盟这条大船就是用欧元捆绑起来的。弱国就这样和强国绑在了一起。同舟共济的好处是抵抗风浪能力更强，坐在上面大家都稳当，还能大大降低贸易成本，增强本国的竞争力。坏处是掉头不易，一旦出事谁也别想跑，无论哪块船板进水，大家都要扑上去堵漏，否则就会一起淹没。

各国都使用同一种货币，结果是一荣俱荣，一损俱损。

希腊的债务危机每况愈下，不救不行。欧元区国家和国际货币基金组织（IMF）最终决定共同出资 1 100 亿欧元救助希腊，但要求是希腊政府必须减少开支，降低公务支出。

听说要降低他们的工资条件，希腊人又开始了新一轮的游行，抗议缩减福利开支，抗议降低工资。一星期后，欧盟又联合 IMF 推出 7 500 亿欧元的救助计划。

尽管如此，欧元区国家的债务危机还是接踵而来。到 2010 年 5 月危机扩散开来，先是爱尔兰、葡萄牙、西班牙，之后是意大利，甚至波及法国。危机从欧元区的边缘国家向欧元区的核心国家蔓延，还有向银行业蔓延的趋势。

如何应对欧债危机？

欧元遭遇了问世以来最严峻的考验。

当市场上对一国的偿债能力产生怀疑时，这个国家在国债市场的筹资能力就会急剧下降，有的国家根本就借不到钱，这造成国债滚动中断，债务危机由此爆发。

2011 年 8 月，危机越发严重，希腊可能随时脱离欧元区。这个问题反复刺激着市场的神经。这时，大批资金开始撤离欧洲，市场的流动性减少，欧元区是否面临崩溃的质疑声也越来越强，欧债危机愈演愈烈。

如果欧债危机控制不住，那欧洲经济怎么办，欧盟怎么办，欧元还保得住吗？

2010 年到 2012 年，这三年欧洲各国为欧债危机付出了巨大代价。各国担心火烧连营，最怕欧元崩溃导致欧盟解体，连带拖垮本国经济。这种政治和经济失败谁都无法承受。

欧债危机的治理主要是通过两大机构实现的，一是欧盟，二是欧洲中央银行（ECB）。欧洲央行从 2010 年 5 月起通过公开市场业务，从二级市场大量买进受冲击国家的债券，释放欧元流动性，以平息市场恐慌。

2011 年到 2012 年，欧洲央行两次向市场提供约 1.1 万亿欧元的再融资，继续向市场释放流动性。

欧洲央行通过这种变相宽松的货币政策，向市场注入流动性，使欧债危机不断恶化的局势得到控制，为最终化解欧债危机赢得了宝贵时间。可以说，欧洲中央银行在这场制止欧债危机中起到了至关重要的作用。

可希腊政府从来都是借新债，却还不了旧债。因为希腊经济没有增长，政府依然没有钱偿还旧债。2015 年，欧元区做好了充分准备，如果希腊再不还旧债，就把希腊踢出欧元区。

希腊政府也做好了应对策略。它说："我们也想好了，旧债我们还不上，新债你们还得借。如果不借，我们只能退出欧元区，放弃欧元，发行希腊自己的货币了。"

希腊这一策略让欧元区其他国家的神经又绷紧了。如果希腊退出欧元区，发行自己的货币后希腊经济复苏了，那么其他国家都借了外债，都存在债务危机，如西班牙、葡萄牙、爱尔兰、意大利等国会引发连锁反应。鉴于这种情况，最后欧元区做出决定，为了不让欧元出问题，只好继续借钱给希腊。因为继续救助希腊，欧债危机也逐渐平缓。

欧洲危机爆发以来，欧洲经历了巨大的动荡，政府债台高筑。受债务危机冲击的国家，失业率高达 25%，财政支出被砍，公务人员薪酬被减，百姓纷纷游行示威，他们无法接受财政的紧缩政策。

不管怎样，经过欧盟和欧洲央行的共同努力，欧债危机有了好转迹象，德国和英国经济也都有了起色。

因此，我们说政府不能靠借债度日，借债是需要还本付息的。一国政府不能借债太多，因为债要用未来的税收来还，如果还不上就会出现债务危机。就像 1998 年俄罗斯的债务危机，卢布贬值，国民为此买单。

欧债危机对我们的启示是，借债一定要用到产生效益的地方，否则就会出问题。

那么，这场金融危机对中国的影响如何?

我国政府是如何救市的呢?

第 34 讲
危机启示录

世界爆发金融危机后，各国政府都在救市，中国政府救市了吗？面对 2008 年金融危机，我国推出 4 万亿元救市计划，拉动中国经济增长。

中国 4 万亿元的救市计划

2008 年年底，美国动用 7 000 亿美元救市，我国立刻推出 4 万亿元人民币救市计划。中央政府让财政部拿出 4 万亿元，再让中央银行配套 8 万亿元，实际上央行配套了 9.5 万亿元，总共就是 13.5 万亿元。一下子投入这么多的基础货币，这意味着什么呢？我们在前文中讲过基础货币这个概念，它是央行放出的货币，它是能够创造出信用货币的货币。

紧接着我国政府推出十大工程，民间起名叫“铁公基（机）”：修铁路、修公路、修高铁，修基础设施，修机场等。其目的是通过政府投资把中国经济拉起来。

当时世界经济一片萧条，中国经济却一枝独秀，2009 年经济增长率是 8.7%，2010 年增长率是 9.3%，这么高的增速让各国都感到震惊。各国遭遇金融危机，中国经济不冷反热，国际上都说中国经济了不得，可以逆世界经济的潮流而动。

没想到的是，从 2011 年开始，中央和地方投入救市资金的乘数效应开始显现出来。通货膨胀开始加速上扬，越来越控制不住，全年消费价格指数达到 5.2%，有的月份甚至超过了 6.5%。粮价涨，菜价涨，肉价涨，生活用品的价格都在涨。很多大企业弄到钱后，搞不到土地，就去炒农（副）产品的期货，把绿豆、大蒜、生姜、白糖、苹果统统都炒一遍，这导致价格猛涨。网上出现了“豆你玩”“蒜你狠”“姜你军”“糖高宗”“苹什么”等热词。人们都在抱怨，什么都涨了，只有工资不涨。

我国政府一看势头不对，于是就从 2011 年下半年开始“踩刹车”，把市场上过多的货币强制收回到中央银行，政府本想把过热的通胀压下去。但中央政府一拉闸不要紧，我国经济立刻就冷了下来。

2012 年年底，经济增速回落到 7.8%，这是 14 年来的最低水平。中国经济进入寒冬，各行各业日子都难过。钢铁过剩，水泥过剩，电力过剩，所有基础的东西产能都过剩。失业率增加，民营企业难以生存，大批倒闭。

金融危机在 2008 年爆发，四年后的 2012 年冲进了中国。我到全国各地去讲课，看到珠三角、长三角很多企业都在痛苦中挣扎，艰难求生。由于美国经济不好，欧洲经济也不好，它们没钱买我们的东西。国外没了进口，中国就没了出口。那我国出口企业怎么办？没了订单就没了就业，没了就业就没了税收，没了税收就减少了政府的财政收入。

前文提到，拉动一国经济增长有三驾马车：一是消费，二是投资，三是出口。金融危机爆发后，导致我国“出口”这驾马车倒下了。

2008年年底我去浙江，看到义乌小商品城冷冷清清，不再像过去那样人潮涌动、车水马龙。甚至连圣诞节的国外订单也没有几单。可见，当西方国家经济萧条时，我国产品也会卖不出去。我国政府只能启动“投资”这驾马车。

各国救市政策的比较分析

美国、欧洲和中国在救市上同样使用了财政和货币手段，但为什么美国经济四年后能走出谷底，欧洲经济也复苏了，中国经济却是先涨后跌、大起大落呢?

美国使用的是量化宽松的货币政策，让企业能贷到款，让商业银行能低价从央行拆借到资金，这样降低市场利率，刺激经济回升。美国还采取积极的财政政策，把美国政府从财政悬崖上拉了回来，这样货币和财政政策双管齐下，为美国经济托了底。

美国货币供给的约束机制是横向的，美国政府的预算和决算支出都要受立法机构严格制约，美国政府要发债和确定赤字水平都需要国会批准，政府不可擅自做出决定。美联储作为中央银行，不受美国政府限制。它是通过买进国债的方式向市场注入资金的。

欧洲同样如此，欧元区国家想增发货币，要由欧洲央行（ECB）统一决策，成员国的央行不能擅自决定。拿出多少钱救市，这是成员国共同商议的结果，欧元区也有严格的制衡机制。

中国货币供给的约束机制是纵向的，没有横向制衡。比如，中央政府一道命令，就可以让财政部拿出4万亿元救市，再让中央银行配套8万亿元跟进，两者像左右手一样自如，中间没有任何防火墙，因为无论是财政部还是中央银行，它们都是国务院下属职能部门，必须令行禁止。

我国用行政来命令市场机制，以政府投资代替民间投资，一时各行各业都在“提速”，各省各市都在“跨越”。过度放松货币，监管又不到位，造成市场流动性严重过剩，通胀压力巨大，货币购买力不断缩水。我国政府良好的初衷，最后演成一场“混战”，经济只能高开低走。

严冬来时，要做好越冬准备。可一些地方政府还大量注资，刺激低效经济，保护落后产业。我们说，在经济寒冬中，如果不淘汰一批劣质企业和过剩行业，又怎能让中国经济完成从追求数量到追求质量的转变？

我国目前正在落实“三去一补”计划：“三去”，即去产能、去库存，去杠杆；“一补”，即补基础设施的短板。去产能，指的是去过剩行业钢铁和煤炭的产能；去库存，指的是去三四线城市房地产库存；去杠杆，指的是去国企和央企的杠杆，负债率太高。

2019年我国宏观调控政策出台，财政政策是减税降费2万亿，货币政策是降低准备金率，那我国政府需要考虑什么呢？就是在度过这次经济寒冬时，别留下太多的后遗症。

货币增发与通货膨胀

为应对金融危机，各国政府争先恐后发钞救市，这就留下了通胀的隐患。通货膨胀就是拿今天的钱已买不到昨天的东西。在我国需要进口原油、粮食、铁矿石还有各种原材料和半成品时，国外价格涨了我们自然要多付钱。中国政府为了救市，不断加大货币投放的力度，货币增发多了，生产跟不上来，就会出现通货膨胀。

我国政府救市，央行累计放出了大量的基础货币，它的乘数效应像滚雪球一样加剧了通胀，让人民币更快地贬值。而中央银行稍一抽紧银根，经济又立刻掉了下来。

这几年，我国经济像坐过山车一样，忽上忽下，险象环生，结果就是通胀。无论穷人还是富人，人们都对未来怀有恐惧。通胀预期挥之不去，这也是我国房价为什么长期居高不下的主要原因。

通胀是一个世界级现象。我国政府要严控货币，绝不能饮鸩止渴。战后德国和俄罗斯的教训值得我们深思。

我国经济总体趋势可以概括为：增长速度放缓，会从高速增长降到中速增长，从9%降到6%。我国走向强国的过程里，面临的难题就是控制通胀。只有货币稳定，人心安定，我国的经济才可能持续健康稳定发展。

总结这场金融危机给我们的启示是：一国钞票发多了会产生通货膨胀，一国政府债券发多了会产生债务危机，无论是发钞还是发债，最后都是本国百姓买单。

后 记

在完成这本书，准备写后记时，北京已经有了秋天的感觉。从去年计划动手开始准备这一系列经济学通识内容，已经一年了。这一年，百般滋味在心头，万般感激存心中。

此刻，我脑海里跳出两个字：坚持。

是啊，我党建国 70 周年靠的是坚持，中国改革开放 40 周年靠的也是坚持，我写书需要坚持，你看书也需要坚持，一切都源于这两个字。

我认为，这个世界只奖励那些坚持的人，奖励那些持之以恒的人，天道酬勤。但这个世界从来不鼓励那些很聪明但不努力的人。

古人云，骐骥一跃不能十步，驽马十驾功在不舍。

这本书 10 余万字，却是我 40 年努力的结晶。把抽象的宏观经济理论写成书不容易，让你能看懂就更不容易了。这里有“衣带渐宽终不悔”的坚持。

这本书浓缩了宏观经济学的基本知识点。如果你能坚持把这本书看完，我相信，你把政府工作报告翻开读一遍，再听经济新闻时，你会发现容易了许多，也明白了许多。咦！这里的经济名词我都看过了，这篇报告我也大约读明白了。

读完这本书，你懂得物价指数的环比和同比；你知道财政的减税和扩大支出意味着政府踩油门；你知道商业银行创造了信用货币，中央银行控制货币的水龙头；你知道降低关税，国人可以高兴地买到各国的商品，但企业面临的竞争加剧；你知道恶性通货膨胀带来的灾难，无论你存多少现金，瞬间都会化为乌有；你了解金融危机的可怕，这些都是人的欲望惹得祸，更是政府宏观调控出了问题。你该懂得宏观上的任何事儿都和你相关，和你的钱袋子相关，和你的就业与生活相关。

世界在变化，你需要坚持学习，要有目标地学习，让你的知识结构适应未来社会的需要。大学的时光距离我已过去四十年，我在大学里学的知识都变了，唯一留下的是学习的能力，就是这种学习能力让我保持了终生。我相信，你也会如此。

也许你会问，一个人为什么要坚持终身学习呢？因为，停止了学习，你会止步不前，还有可能被社会淘汰。

在你最好的年华，千万不要满足于优越感和舒适区。温水中的青蛙固然舒服，但它会在不知不觉的升温中死去，你要勇敢地游出舒适区，做冷水中的青蛙，形成自己的竞争力，适应环境的变化，适应未来的变化。

北京的冬天很冷，但我穿的一直很少，一直保持着寒冷的感觉，我觉得，冷一点，让我更加清醒和冷静，便于思考和判断。

在这个时代，你的工作和行业，你所学的专业，都有可能过时，唯一不过时的是你的知识和你的能力！要想把握未来，必须提升自己，你要坚持读书学习。

让我们以一句名言共勉：书山有路勤为径，学海无涯苦作舟。我们每一天的辛苦付出都不会白费，未来都会有更大的收获在等我们。

我坚信：知识改变命运，读书创造未来，人生握在自己手中。

加油！共勉！

韩秀云

2019 年 9 月 16 日于清华园